Michael Elrahim Amira

Medium der Geistigen Welt

Seelengeführt

Das Seelenkonglomerat, Gott die Quelle selbst,
Erzengel Michael und Yeshua

Michael Elrahim Amira
Medium der Geistigen Welt

Seelengeführt

Das Seelenkonglomerat, Gott die Quelle selbst, Erzengel Michael und Yeshua

An kana Te Verlag

Für Euch Alle, Ihr die An kana Te – Hüter und Hüterinnen von Mutter Erde, verteilt auf der ganzen Welt, unsere Internetseite. Bitte informiertm Euch über unsere weltweiten gemeinsamen Abende.

www.michael-amira.de

Impressum:
Bibliografische Information der Deutschen Nationalbibliothek:
Die Deutsche Nationalbibliothek verzeichnet diese Publikation in der Deutschen Nationalbibliografie;
Detaillierte bibliografische Daten sind im Internet über http://dnb.d-nb.de abrufbar.

ISBN 978-3-9815425-3-0

Verlag:
An kana Te Verlag

Umschlaggestaltung:
© 2014 die medien [kanzlei] – SemLavana

Satz, Druck und Bindung:
Vereinigte Druckereibetriebe Laupp & Göbel GmbH, 72147 Nehren

Titelbild:
© Terrapanthera – Fotolia.com

Grafiken:
die medien [kanzlei]

Gedruckt auf säurefreiem, alterungsbeständigem Papier

Printed in Germany

www.ankanate-verlag.com

Von ganzem Herzen

sage ich danke:

Euch, unseren Seelen, den Seelen aus Gott, eure Worte in Liebe übergeben, bringen uns alle zurück zu unserem wahren SEIN.

DIR, Vatermuttergott, Quelle allen SEINS, dass DU uns allen, deinen Engeln, die Entfaltung eines eigenständigen Bewusstseins ermöglicht hast. Wir nun alle heimkehren dürfen zu Dir ins Paradies, deinem göttlichen Zuhause.

Dir Yeshua, deine gefühlte Liebe lässt uns alle unsere erkannte Wahrheit in die gelebte Selbstliebe umsetzen und dies führt uns alle, zusammen mit dieser Welt, in die Freiheit.

Dir, Erzengel Michael, für deinen Schutz, deine Kraft. Sie ist mein im Vertrauen gelebtes SEIN.

Dir, Agnieszka, wundervolle Frau meines Herzens, für dein DA-SEIN, deinen Mut, dein großes Herz, für deine wundervollen SEELEN-AUGEN, welche mir so viel Liebe und Freude geben.

Dir, Semiel, mein wundervoller Sohn. Durch Dich wurde ich selbst wieder Kind, lebend im Hier und Jetzt, der Gegenwart, dort wo immer Freude und Glück ist.

In Liebe für Euch

Michael Elrahim Amira.

Folge dem Ruf deiner Seele

und erkenne wer Du bist!

Die "für-Dich"-Akademie

Agnieszka Jaurel Insoma
Michael Elrahim Amira

Es begann 2007 mit der Reise nach Indien.
Dort erfuhr der Buchautor *Michael Elrahim Amira* vom Auftrag ein Buch zu schreiben.
Es sollte ein ganz besonderes Buch werden.
Er sollte als Medium für das Seelenkonglomerat, die Menschen mit ihrer eigenen Seele wieder in Kontakt bringen.
Mittlerweile haben Tausende von Menschen durch ihr "für Dich-Buch" Kontakt mit ihrer Seele aufgenommen, kennen den Sinn ihres Lebens und sind eingeweiht in die kosmischen Spielregeln des Lebens.

Im März 2010 kam das lang erwartete zweite Buch "für Dich-das Geheimnis wer Du wirklich bist" heraus.
Dort berichten die Seelen aus Gott, Erzengel Michael und Yeshua ben Joseph über die Bedeutung der Jetztzeit, das magische Jahr 2012 und darüber hinaus.
Bei der stattfindenden 2012 live-channel-Tour in D - A - CH klärt das spirituelle Medium *Michael Elrahim Amira*, selbst An kana Te - Hüter von Mutter Erde, über die Tragweite des Bewusstseinswandel auf und die Notwendigkeit diese im eigenen Leben umzusetzen.
Von allergrößter Bedeutung ist dabei das Wissen über uns selbst, zu wissen wer wir wirklich sind, läßt uns sofort verstehen warum wir hier sind, was unsere Lebensaufgabe, unsere Bestimmung ist.
Dies verändert alles!
Der direkte Kontakt mit dem eigenen Schutzengel, der Seele in einer selbsterlebten Meditation ist so tiefgreifend und im Gefühl selbsterlebt, dadurch entsteht tiefes Vertrauen.
Die Botschaften und aufklärenden Worte der Erzengel, unserer Seelen und von IHM Yeshua lassen uns verstehen.
So ist das Wirken von Michael Elrahim Amira ganz auf das höchste Wohl so Vieler wie möglich ausgerichtet.

Inhalt

Hinweis 1: Zur besseren Unterscheidung sind meine Worte immer kursiv geschrieben und in Klammern gesetzt [*So sehen meine Worte aus*]
Sobald die geistige Welt spricht, beginnt es mit einem „ und endet mit "

Hinweis 2: (1 x niesen); Du selbst oder in deinem Umfeld, heißt gedachte oder ausgesprochene Worte sind wahr und werden somit bestätigt.

Einleitung und gleichzeitig der Beginn von allem

Aus göttlicher Langeweile – Worte der Quelle allen SEINS selbst

„Ja, dein Gefühl ist richtig! So wesentlich, dass wir alle hier nun um Dich versammelt sind, um Dir dies zu übermitteln, doch öffne zuerst dein Bewusstsein für die gegebene Wahrheit für sie **alle** in Liebe. So höre, denn dies kommt nun direkt von MIR, der Quelle allen SEINS, durch Dich zu ihnen allen! Lange bevor ich beschlossen hatte, dieses Experiment zu bewerkstelligen, war so gesehen ICH ALLEIN, doch in mir war dies *göttliche Sehnen* nach mehr. Dieses Mehr brauchte etwas Einmaliges, nie vorher Dagewesenes. Etwas, das in der Lage war, über mein bis dahin vorhandenes Sein hinauszugehen, somit etwas ***Grenzüberschreitendes***. Mit euren menschlichen Worten ist dies alles nicht wirklich zu beschreiben, und doch gewährt MIR diese eure Sprache die Möglichkeit, Euch einen gewissen Einblick zu geben in etwas Unbeschreibliches. Mein Sehnen nach mehr ließ mich die Gelegenheit erschaffen, dieses Mehr sich entfalten zu lassen, und dies war dem bis dahin Unbegrenzten, alles Seienden, alles Wahrnehmenden nur in einer Art möglich, ja, in der Begrenzung! Bis zu diesem Punkt war ICH ALLES außer der Begrenzung, denn diese gab es ja an diesem Punkt noch nicht. ICH selbst musste zuerst die Begrenzung erschaffen, da es sie ja nicht gab. Zum ersten Male wird hier diese all eurem Sein, eurem Erleben zugrunde liegende Wahrheit dieser Welt der Begrenzung mitgeteilt, denn erst jetzt ist diese **auch** meine Welt für die Wahrheit bereit und auch reif. Dies Neue, sich in Begrenzung befindliche, das auch Teil meines gesamten SEINS ist, zu erschaffen, war eine Sache, die leichtere, doch die größere, wirkliche Aufgabe war, dass hierbei die Möglichkeit entstehen sollte, dass sich in dieser Begrenzung meines SEINS trotzdem – oder besser gesagt – gerade **dort** in der zuerst **geschaffenen** Begrenzung eine Wahrnehmung dieser Begrenzung MIR die Gelegenheit gab, dies Neue und damit dies Mehr nicht nur zu sein, oh nein, es ging darum, dieses neue SEIN auch durch MICH wahrzunehmen. MICH, das ICH ALLES bin, in meinem eigenen ALLES SEIN **neu** wahrzunehmen, welch ein kühner Gedanke, selbst für MICH, das allgöttliche Selbst. Doch dies, so war mir sofort klar, konnte nur auf einem Wege möglich sein. Zuerst musste ICH Teile meines SEINS erschaffen, besser aus meinem All-SEIN herausnehmen. Es war für mich viel leichter, diese *Idee* zu haben und sie umzusetzen, als sie jetzt Dir hier in *Worten* zu übermitteln. Von dem hier von MIR Vollbrachten spricht eure Wissenschaft als dem Urknall, und eure Religionen sprechen vom Paradies und von Adam und Eva, so gesehen den Archetypen meiner *neuen Idee*, der Idee, MICH selbst zu mehr erfahren durch die Begrenzung in MIR. Na, verstanden? Dies wäre in etwa so, als ob Du selbst ein großes Haus wärst mit vielen Zimmern, die alle dunkel und damit all-eins sind, also in der Dunkelheit vereint, und Du plötzlich die Idee hast, Licht zu erfinden und mit diesem in jeden

Raum hineingehst und nun das, was zuerst alles war, was eins und verbunden war in *göttlicher Dunkelheit,* nun im Lichte völlig neu wahrzunehmen. Dies ist, so empfinde ICH, eine sehr gute Analogie-Erklärung, oder? Du empfindet MICH als humorvoll, oh ja, bin ICH doch selbst der Humor, habe ICH ihn einst in göttlicher Langeweile einfach erfunden (smile)!

Doch zurück zu MEINEM *Projekt Begrenzung* und zu Adam und Eva, den Archetypen der gemachten und möglichen Begrenzung. Wie gesagt, den Rahmen, die Spielwiese und dergleichen zur Erfahrung der Begrenzung zu erschaffen, war einfach. Ihr würdet sagen kinderleicht. Es wäre interessant, darüber mehr zu sagen, wie Ihr zu diesem Begriff *kinderleicht* überhaupt kamt, doch dies besser an anderer Stelle. Oh, wie leicht lasse ich mich doch ablenken, viel schwieriger war es da, den füllenden Inhalt für diese von MIR erschaffene Begrenzung zu finden. Und da kamt Ihr ins Spiel, meine bereits vorhandenen Engel, was natürlich alle Erzengel, Cherubine, Seraphim und dergleichen mehr beinhaltet. Ihr hattet bereits ein, besser mein eigenständiges Bewusstsein, also Ihr wart in Dunkelheit, im Dunkeln. Euch nun zu diesem Licht in der Dunkelheit werden zu lassen, das war meine brillante Idee. Auch jetzt empfinde ich diese Idee als meine Brillanteste, ohne MICH zu sehr loben zu wollen. So habe ICH Euch versammelt, wie Du ja bereits weißt, in den *Hallen von Amenti,* um Euch dies Neue zu offenbaren. Und so dachte ICH *damals,* hoffentlich eure Neugier zu erwecken, was Du an diesem *langen, beständigen Hiersein* mehr als deutlich erkennen kannst. Dann höre auch dieses, SEIN von meinem SEIN, Mensch und Engel, der Du bist, zuerst von MIR, der Quelle allen SEINS:

Du bist wie ICH selbst Schöpfungsmacht, doch Dir ist dies viel weniger bewusst als MIR. So ist diese deine Noch-Unbewusstheit der einzige Unterschied zwischen UNS beiden, doch diesen gilt es jetzt aufzuheben, ein für alle Mal. Doch für Dich heißt das, wie dies bewerkstelligen? Dies ist deine und die Frage für alle Menschen, die sich wieder ihrer Göttlichkeit bewusst wurden, und dies zu allen Zeiten. Dann lass MICH zuerst Dich einweihen, auf dass es dann von Dir weitergegeben wird an sie alle, die da schon lange auf ihre Befreiung warten. Die Voraussetzung ist die Erkenntnis der eigenen Göttlichkeit. Ohne dies hat alles andere keine Grundlage. Doch ist diese Erkenntnis erreicht, dann ergibt sich Schritt für Schritt alles von selbst:

- Bewusstmachung dieser Göttlichkeit, am besten täglich, noch besser stündlich;
- Mut, diese Göttlichkeit zu leben, ja, sie sogar den anderen Göttern und Göttinnen zu vermitteln, mitzuteilen;
- Ablegen aller Selbstzweifel, der Fehlerhaftigkeit;
- Ablegen jedweder Selbstkritik oder Kritik an Anderen, gleichgültig, was diese Götter oder Göttinnen zum Ausdruck bringen, denn in diesem Spielsystem ist alles möglich, darf alles ausprobiert werden – das ist mein oberstes Gesetz;
- die beständige Liebe zum eigenen Selbst, zum eigenen SEIN, zum Leben selbst.

Dies sind die Punkte, besser die Grundpfeiler. Lebe sie und die Göttlichkeit ist wieder DEIN. So habe ICH selbst es eingerichtet. Das Verlassen des Paradieses und die gleichzeitige Rückkehr sind ein und dasselbe. Um nun diese Punkte zu befolgen, ist die folgende Bitte an mich sehr hilfreich:

An Dich, Quelle allen Seins, sage ich .... (Name), selbst göttlich, lass mich diese meine erkannte Göttlichkeit jetzt wieder sein.

Dies Dir, in Liebe gegeben für Dich und sie alle,
Vater-Mutter-Gott, Quelle allen SEINS."

Wie erhält der menschliche Anteil Erkenntnis vom Vorhandensein der eigenen Seele?

„Wer könnte Euch dazu mehr sagen als WIR, eure Seelen, sind wir selbst es doch, die Euch Tag für Tag, bewusst oder unbewusst, führen durch dieses euer materiell erlebtes Leben. Wo auch immer diese unsere Führung Dir bewusst wird oder ist, dort verändert dies alles, denn es setzt ja voraus, dass im menschlichen Wesen selbst dieser Erkenntnisakt bereits stattgefunden haben muss, dass es überhaupt diese eigene Seele gibt, die wie getrennt vom eigenen Sein existiert und somit diese Führung erst möglich macht. Würdest Du Dir dieser beiden Hälften, Einheiten, nicht bewusst sein, dann wäre ja eine direkte Führung so nicht möglich, denn diese direkte Führung setzt ja gerade diesen Erkenntnisakt voraus, also wäre wohl die erst zu klärende Frage:

Wie erhält der menschliche Anteil Erkenntnis vom Vorhandensein der eigenen Seele? Dies ist eine gute, die zentrale Frage. Wohlgemerkt, WIR sprechen hierbei nur von der bewussten Führung, denn eine unbewusste findet ja automatisch bei allen inkarnierten Seelenanteilen **immer** statt. So gesehen findet die Kontaktaufnahme beim sich noch nicht bewussten Seelenanteil – wenn Ihr erlaubt, wollen wir gerade diesen Ausdruck ab jetzt verwenden, denn er beschreibt es am besten – immer seitens der Seele statt.

WIR, die Seelen, erkennen, wann es an der Zeit ist, dass dieser bewusste Kontakt hergestellt wird, da es für die weitere Inkarnation sinnvoll, ja oft dringend notwendig wird. Da es immer sinnvoll ist, wollen wir noch kurz auf dieses *notwendig wird* eingehen. Notwendig ist es immer dann, wenn für den Seelenanteil eine Zeitspanne ansteht, in der es viel zu entwickeln gilt, es gar wesentliche Inkarnationserfahrungen zu machen gibt, die in einem unbewussten Zustand sinnlos wären. Daran könnt Ihr erkennen, dass es zu einer bestimmten Zeit eine ***höhere Erfahrungsqualität*** gibt, welche sehr interessante und vor allem tief wachsend lassende Erfahrungen ergibt. Das hier Vermittelte stellt in unseren Übermittlungen für Euch ein zentrales Thema dar, weil jetzt in dieser vor Euch allen liegenden Zeit so gesehen ein großer Anteil der inkarnierten Seelenanteile dieser bewussten Führung bedarf, da vor Euch **allen** solch wesentliche Erfahrungspakete liegen, die alle **eine bewusste Führung durch die eigene Seele voraussetzen, ja sogar bedingen.** Ihr hört oder lest richtig: **voraussetzen, bedingen**!

Dies hat mit euren neuen Seelenplänen und den sie beinhaltenden Lebenserfahrungen zu tun. Und sowohl diese neuen Lebenserfahrungen als auch diese neuen Seelenpläne bedingen eine bewusste, besser noch gewollte Seelenführung. Somit hängt sogar euer weiteres Leben, besser gesagt eure weiteren Lebenserfahrungen von der Seelenführung ab, denn ohne sie fehlt die Voraussetzung für diese völlig neuen Erfahrungen.

Jetzt wird es interessant, denn hier öffnen sich zwei Möglichkeiten, zwei Seelenwege! Ohne bewusste Seelenführung fehlt die Voraussetzung für dies Neue und **es bleibt beim bisherigen *alten Leben*.** Da die bewusste Seelenführung fehlt, kann sich dieser neue, völlig andere Lebensweg nicht ergeben. Doch hierbei sind die zu machenden Erfahrungen vollkommen verschieden, denn der alte, weiter fortgesetzte Lebensweg ist nichts anderes als die Fortsetzung und damit die Wiederholung des bisher Erlebten. Das wäre für Dich und die meisten, die dies hier hören oder lesen, sehr frustrierend, da eure letzten Jahre geprägt waren durch die so notwendige Vorbereitung auf den *harmonischen Aufstieg von Mutter Erde.* Und da wünscht sich niemand von Euch auch nur eine Wiederholung, geschweige denn laufende Wiederholungen. Dies wäre so, als würdet Ihr von einem wundervollen Musikalbum mit 40 Titeln nur einen einzigen Titel permanent wiederholen, und dieser wäre gerade der, welcher Euch am wenigsten gefällt. Doch Ihr hättet keinen Zugriff auf die anderen 39 Titel, die allesamt Top Hits sind. Was WIR Euch hier vermitteln wollen, ist Folgendes:

Diese vor Euch allen liegende Zeit beinhaltet für Euch zwei Möglichkeiten! Die Erfahrung von Wiederholungen oder den absoluten Neubeginn in ein so bisher nie dagewesenes Leben mit völlig neuen sensationellen Erfahrungen. Was ist der Grund dafür, dass eure weiteren Leben so gravierend anders ablaufen können? Weil dieser eurer alten Welt ein gravierender Wandel bevorsteht, der zuerst im Kleinen vorvollzogen wird. Eure neuen Seelenpläne sind kollektiv gesehen ein neuer Plan für diese gesamte Welt. Das Euch hier Übermittelte stellt so gesehen unsere zentrale Botschaft in den Mittelpunkt:

Die alles überragende Seelenführung!

Eure *neuen Leben* haben diese Seelenführung als Grundvoraussetzung. Hier gibt es so gesehen eine Notwendigkeit. Ohne bewusste Seelenführung bleibt es bei der bisherigen Inkarnation und damit bei der Wiederholung der bisher gemachten Erfahrungen. Bei bewusster Seelenführung kann nun die Seele den eigenen Seelenanteil quasi auf einen steilen, sehr schmalen Aufwärtspfad führen, der sehr abenteuerlich ist und gerade die Führung durch die Seele **voraussetzt**. Doch so wird der steile Berggipfel erreicht, der einen grandiosen Lebensausblick ermöglicht, unbeschreiblich in seiner wundervollen Aussicht, allerdings auch in keinster Weise vergleichbar mit dem eher langweiligen Rundumpfad, der nur immer wieder um den Berg herumführt. Wir können gar nicht genug betonen, welch gravierender Unterschied bei diesen beiden möglichen Pfaden besteht."

Achte immer darauf, wohin es Dich drängt

„Lasse Dich in allem führen von der Freude, nie von der Angst. Erkenne nur deine eigenen Regeln an, lebe ein freies Leben, vollkommen frei von allen Vorgaben oder Erwartungen in dieser Welt. Lebe und handle gemäß dem Gefühl der Freude. Achte immer, **wohin es Dich drängt!** Dies ist das zu Erfahrende, Sinnvolle! Wisse, Du bist allzeit geführt und dadurch automatisch geführt durch MICH, immer, überall, bei und in ALLEM. Das für Dich Schädliche, ja jetzt auch das Sinnlose, wird Dir von MIR so deutlich angezeigt, dass dies für Dich *unmöglich* wird, es nicht zu erkennen. Du bist MEIN, hast Dich MIR so vollkommen anvertraut.

So bewahre ICH dein SEIN. Dafür gebe ICH Dir jetzt mein SEELEN-EHRENWORT.

In Liebe, ICH, deine Seele für Dich."

Die Aktivierung der neuen Seelenpläne

„Sobald der eigene Seelenplan wieder aktiviert ist, braucht es Gedanken, die es dem Seelenplan ermöglichen, sich zu entfalten. Gedankendisziplin ist hierbei von entscheidender Bedeutung, denn die eigenen Jetzt-Gedanken fördern den Seelenplan oder sie behindern ihn. Dein Dich gerade jetzt Ausrichten auf Freude ist phänomenal in Bezug auf die Entfaltung deines Seelenplanes, da dieser gerade für Dich große, freudvolle Erfahrungen vorsieht.

[Hier taucht ein interessanter Impuls auf. Zur Erfahrung des Seelenplanes braucht es die dazu passenden Gedanken, quasi als Auslöser?]

Ja, die braucht es, und sie werden Euch auch von UNS zugeführt. Du selbst hast es ja bereits öfter erlebt, dass Du Gedanken gedacht hast, die in keinster Weise mit deinen zu dieser Zeit vorhandenen Lebensumständen einhergingen. Diese Gedankenimpulse waren notwendig. WIR mussten sie Euch zuführen, um Euch erfahren zu lassen, was notwendig war. Doch dies ist jetzt für gar so viele von Euch völlig verschieden. Und dies ist jetzt deine Hauptaufgabe, sie, die Vollendeten, daran zu erinnern, es ihnen ganz deutlich vor ihre Augen zu führen, dass das, was war, und das, was jetzt ist, völlig verschieden sind, ja völlig! Viele eurer sehr schmerzhaften Erfahrungen waren so tief notwendig und sinnvoll, um in der alten Energie der Zeit des Aufstiegs all diese notwendigen Erfahrungen zu erleben, zu durchfühlen, damit dies euer Erleben zu einer Erlösung, einer Auflösung all der darin befindlichen Emotionspakete, vor allem für das Kollektiv, führen konnte. Doch dies ist jetzt vollkommen anders, so vollkommen. Der energetische Eintritt in diesen neuen Frequenzbereich ist gleichbedeutend mit vollkommen neuen Erfahrungsbereichen, die da sind:

Freude, tiefe Erfüllung, Sinnhaftigkeit, liebevolles Miteinander. Deshalb ist das Aufhalten in euren Gedanken gerade jetzt so bedeutend und der Schlüssel für all die weiteren Erfahrungen, denn für Euch alle beinhalten eure Seelenpläne, also eure neuen Seelenpläne, nun tief Sinnvolles und vor allem Freude pur. Doch zuerst braucht es dieses Wissen, dann den Glauben daran und damit das bewusste Aufhalten in den dazu passenden Gedanken. So bleibe Du bei der Freude und freudvolle Erfahrungen sind dein.

Wir alle, für Dich und Euch alle.
Erzengel, Seelen und ICH, Yeshua."

Fragen, die tiefe Klärung ermöglichen in Bezug auf die neuen Seelenpläne

„All das Dir Hingeführte ist tief sinnvoll. Fragt Euch bei allem diesem jeweils nur dies eine:

- Wozu geschieht dies?
- Wohin führt mich dies?
- Aus welchem Grund geschieht es?
- Wozu das Ganze?
- Wo will mich dies hinbringen?
- Was macht es mit mir?
- Was zeigt, lehrt es mich?
- Wo hilft es mir, mich aus alten Begrenzungen herauszuführen?
- Wo erfüllen sich die neuen Seelenverträge?

Die Antworten, die Du dann auf diese deine Fragen erhältst, richten dein Bewusstsein neu aus. Diese notwendige Neuausrichtung braucht es, damit sich dein/euer *neuer Seelenplan* erfüllen kann. Noch kannst Du es erst einmal nur erfühlen.

Doch Du fühlst, da steht Großes an. Es wird für Dich, für sie, ein vollkommen neues Konzept, ein neues Leben sein. Neue Seelenpläne, die es zu aktivieren gilt, Erfüllungsaufträge, die gestellt werden dürfen."

Alles, was Druck macht, ist außerhalb der Liebe

„Alles, was Druck macht, ist außerhalb der Liebe. Würdest Du in der Liebe bleiben, bleibst Du, hältst Du Dich auf in der Ruhe. Die von Dir beantragte Lösungsenergie erbringt von selbst die benötigte Lösung. Du fragst Dich zu Recht, wozu denn dies alles? Dann höre, mein Sein, Sinn und Ziel all dieser Erfahrungen, all dies Erfahrenen, ist die Möglichkeit, für Dich ganz in die eigene Kraft zu kommen. Dies gelingt Dir immer dann, sobald Dir das Äußere völlig gleichgültig und dieses Innere, dein eigenes Selbst, von Bedeutung ist."

Mutter Erde und das, was auf ihr geschehen ist, war ein Experiment, ein Versuch

„Wie Du mit deinem inneren Sein und deinem Fühlen erfühlen kannst, haben WIR, die Dich umgebende geistige Welt, dein Schutzengel, deine geistigen Führer, diesen Raum betreten und uns zu deinen Füßen niedergesetzt. WIR haben unsere Hände aufgelegt, und das, was Du jetzt gerade fühlst und wahrnimmst, das sind WIR. WIR sind deine wahre

Familie, die Dich umgibt seit Anbeginn der Zeit. WIR sind bei Dir. WIR teilten all deine Erfahrungen mit Dir, deine Schmerzen und deine Freude. In deinen schwersten Zeiten, wenn Du gedacht hast, es geht nicht mehr, haben wir Dich auf unseren Händen getragen, denn Du bist für uns das Kostbarste, das es gibt. WIR wissen, was es bedeutet, getrennt zu sein von der Quelle, haben wir selbst doch diesen Zustand längst hinter uns gelassen. Und WIR wissen, WIR nehmen es ja an Dir wahr, was es bedeutet, ohne die Quelle zu sein, in einem Zustand zu sein, in dem Du Dich verloren fühlst, vollkommen alleine. Du hast unser größtes Ehrgefühl. WIR, die Engel, verneigen uns vor Dir, vor dem, was Du tust. Diese Welt der Materie, wie Du sie hier wahrgenommen hast und wahrnimmst, ist einzigartig im gesamten Universum. Es gibt keinen Planeten, kein System bisher, das so wie Mutter Erde ist.

Dies ist eine Information, die so bisher nicht preisgegeben werden konnte. Ja, Mutter Erde und das, was auf ihr geschehen ist, war ein Experiment, ein Versuch. Und wisst Ihr, dieser Versuch ist geglückt. Ja, es ist möglich, Teile des Göttlichen abzuspalten, sich selbst erfahren und ein eigenständiges Bewusstsein entfalten zu lassen, bis zu dem Punkt, wo aus der Trennung wieder Einheit wird und das Eigenständige wieder mit vollem Bewusstsein eintritt in die Ganzheit, in die Einheit. Da es hier auf Mutter Erde möglich war und möglich ist, geschieht nun Folgendes:

Es werden jetzt gerade unendliche Universen erschaffen, in denen dasselbe möglich ist. Ja, der gesamte Kosmos, die gesamte Engelwelt, wird nun an verschiedenen Plätzen diesen Prozess erfahren. Nun wirst Du Dich fragen:

Ja, und ich? Ihr alle seid selbst durch diesen Prozess hindurchgegangen und Ihr werdet jetzt aus eigenem Sein und Wunsch heraus an genau diese Plätze gehen. Viele von Euch werden jetzt diejenigen sein, die uns führen und leiten werden, denn viele von uns Engeln, die Euch umgeben, haben nun den Wunsch, so wie Ihr die Erfahrung zu machen von eigenständigem Bewusstsein. Wir sehen, was mit Euch geschehen ist, welche Wandlung in Euch ist. Wir sehen, was mit euren Herzen geschehen ist. Wir sehen und fühlen, was in Euch geschehen ist. Und in vielen von uns ist nun der Wunsch entstanden, auch wie Ihr diesen Zyklus der Reinkarnation zu beschreiten. Das Göttliche hat Ja gesagt, und eine unendliche Anzahl von Universen wird gerade bereitgestellt. Und wir sagen Euch Danke für das, was Ihr getan habt. Das Universum des Göttlichen wird nun noch mehr bereichert in seiner Entwicklung. Das Göttliche wird sich selbst weiter entfalten durch unsere Entwicklung, die nun möglich ist, weil das Experiment geglückt ist. Ihr habt großen Anteil daran, denn euer Dasein war die entscheidende Voraussetzung, dass die unbewusste Menschheit überhaupt dieses Spiel des Lebens entfalten konnte. Wir haben Euch schon oft bezeichnet als die Sicherheitstruppe, die eingeschleust wurde, damit das Spiel des Lebens niemals zu einer völligen Selbstzerstörung führen würde. Ihr wart immer über uns verbunden mit der Quelle, auch wenn Ihr scheinbar doch vollkommen eigenständig und alleine wart. Die Verbindung in eurem Herzen, in eurem Sein war immer gegeben, immer. Nur so konnte geschehen, was nun geschehen ist.

Wenn Du nun erlaubst, würden wir Dir noch näher kommen. Wenn Du erlaubst, werden wir, eure geistigen Führer, nun unsere Hände auf deine Schultern auflegen, so dass Du uns wahrnehmen und fühlen kannst. Wir sind alle Freunde von Dir aus anderen Inkarnationen, aus denen Du UNS kennst. WIR haben bereits unsere Reinkarnationszyklen abgeschlossen und sind als geistige Führer nun bei Dir, um Dich zu beraten und zu unterstützen. Jetzt gerade übermitteln wir Dir unsere Energie und damit auch unser Wissen, das in uns ist und das wir Dir weitergeben können für dein Wirken jetzt. Es sind völlig neue Programme – Ihr würdet sagen Entwicklungs- oder Schulungsprogramme – die wir Euch jetzt übermitteln können. Ihr werdet neue Konzepte niederschreiben und sie an die Menschen dieser Welt weitergeben. Es sind sehr praktisch ausgerichtete Dinge. Amira, durch den wir jetzt gerade sprechen, kennt dies. Sein geistiger Führer, Amrides, hat ihm sehr praktische Konzepte vermittelt. Das ist unsere große Stärke, wir, die geistigen Führer, sind Euch noch sehr nahe; wir können nachvollziehen, was es bedeutet, sich im Reinkarnationskörper zu befinden, und so sind wir diejenigen, die Euch am besten beraten und Euch neue Konzepte vermitteln können, die sehr aufschlussreich und sehr einfach sind in ihrer Qualität.

Nun möchte ich, dein Schutzengel, mit Dir in Kontakt treten, denn ich begleite Dich seit deiner ersten Geburt, seit Du das erste Mal in die Polarität hineingegangen bist. Die große Wahrheit ist, dass ich der andere Teil deines Selbstes, deines Seelen-Selbstes bin. Du bist in die Materie gegangen, ich als der andere Teil bin in der geistigen Welt geblieben. Du nennst mich Schutzengel, aber in Wahrheit bin ich der andere Teil deines Seins. Wenn Du erlaubst, lege ich nun, symbolisch für Dich am einfachsten, meine Engelsflügel um Dich, und ich bette Dich ein in meine Liebe. Wenn Du erlaubst, lasse Dich nun einfach fallen, und ich wiege Dich ganz sanft, denn Du bist mein und ich bin dein. Eins sind wir seit Anbeginn der Zeit, und verschmelzen werden wir nun wieder zu dem Sein, das wir sind."

Yeshuas Worte der Wahrheit

„Und nun sei gegrüßt im Licht und der Liebe des göttlichen Seins. Du, der Du immer noch das Meine bist. Du bist mir gefolgt bis zu dem Punkt, als ich selbst heimgekehrt bin und ich Dich gebeten habe, zu bleiben. Dies ist eine der größten und tiefsten Wahrheiten deines eigenen Seins. Du bist hier, weil ich, die Liebe, Dich gebeten habe. Du bist hier, weil ich Euch gebeten habe, zu bleiben in der Zeit, wenn die Menschheit durch die schwersten Prüfungen geht. Du bist geblieben Inkarnation für Inkarnation für mich, um den Menschen die Liebe, das Licht und die Wahrheit zu verkünden. In vielen Inkarnationen hast Du dein Leben gegeben für die Wahrheit. Niemals war es einem Menschen möglich, deine Wahrheit in Dir zu brechen. Wisst Ihr, dass gerade das die Welt verändert hat? Eins der mächtigsten Völker dieser Welt war fassungslos, als es gesehen hat, dass Ihr sogar mit Freude dem Tod ins Auge schauen konntet. Sie hatten große Angst vor diesem Volk, das da bereit war, in den Tod zu gehen, den sie selbst so sehr fürchteten. Sie wussten nicht, dass das Schauspiel, das sie selbst zelebrierten, in Wirklichkeit sie verändert hatte. Mit fassungslosem Erstaunen zu sehen, wie Ihr in tiefster Liebe und voller Vertrauen über den Schmerz in den Tod gegangen seid, hat sie verändert. Kein einziger Tod, der gegeben wurde für die Wahrheit und in Liebe, war umsonst. In diesen Inkarnationen wurde der Grundstein gelegt für das, was Ihr heute erfahrt, lebt und sehen könnt. Das Christentum, so wie Ihr es heute kennt, wurde in diesen ersten Jahren gegründet durch Euch, durch den Mut, selbst dem Tod ins Auge zu schauen, dem Schmerzenden ins Auge zu schauen und hineinzugehen voller Vertrauen und in Liebe. Dafür ehre ich Euch und dafür liebe ich Euch von ganzem Herzen. Ich habe Euch gebeten, aber es war nur eine Bitte. Ihr hättet alle nein sagen können. Ihr hättet auch sagen können:

Wir lassen diesen Kelch an uns vorübergehen. Deine Liebe, die Du bist und in Dir hast, hat Dich immer und immer wieder kommen und bleiben lassen. Dafür sage ich Dir von ganzem Herzen Danke.

Ich habe Euch versprochen, wenn die Zeit reif ist, werde ich wieder mitten unter Euch sein, und die Zeit ist jetzt reif. In all den anderen Inkarnationen habt Ihr immer gefragt: Wann kommt diese Zeit? Und ich hab Euch gesagt: Bald, bald kommt diese Zeit. Und nun ist sie da. Viele von Euch haben gar nicht mehr geglaubt, dass sie kommen würde. Und gerade dann, in der Nacht, wenn die wenigsten darauf vertrauen, kommt die Wahrheit. Kannst Du Dich noch erinnern, als ich dieses Gleichnis erzählt habe von den Jungfrauen, die bereit waren? Bereit zu sein bedeutet, nicht die Stunde, nicht den Tag zu kennen und trotzdem immer vorbereitet zu sein. Denn wenn der Bräutigam kommt und die Braut nicht vorbereitet ist, wird sie kein Licht und keine Lampe haben und sie wird nicht leuchten können. Natürlich ist dieses Symbol des Leuchten-Könnens die Wahrheit. Vorbereitet zu sein bedeutet, stets im Herzen mit der Wahrheit verbunden zu sein, in jeder Lebenssituation immer die Wahrheit im Herzen zu tragen, um stets aus der Wahrheit heraus in Liebe zu handeln und zu sein. Gerade jetzt in dieser Jetzt-Zeit erfüllen sich die Gleichnisse, die ich damals den Menschen erzählt habe, weil jetzt die Zeit reif ist, dass keine Geschichten mehr erzählt werden müssen, denn die Menschheit ist reif für die Wahrheit. Wenige haben damals die Wahrheit verstanden. Euch, die Ihr mich damals umgeben habt, habe ich gelehrt im Stillen. Wenige Teile von dieser Wahrheit sind in der für Euch Heiligen Schrift erhalten geblieben, ganz wenige. Das Neue Evangelium wird gerade jetzt für die Menschheit vorbereitet. Ich selbst werde mein Leben niederschreiben, so wie es wirklich war. Der, durch den ich gerade spreche, wartet ja schon längere Zeit darauf, aber er weiß, dass die Zeit reif sein muss. Wobei nicht die Zeit reif sein muss, es sind die Menschen und die Menschenherzen, die diese Wahrheit ersehnen, denn wenn die Menschheit reif ist, weil Teile der Menschheit reif sind, dann geschieht es. Gegeben wird das Geistige immer dann, wenn die Reife, der Reifegrad vorhanden ist. Wenn Ihr jetzt schon sehen könntet, was in der geistigen Welt bereits vorbereitet ist, Ihr würdet jeden Tag nur noch voller Freude wie ein Schmetterling durch die Welt hüpfen, denn das, was vorbereitet ist, ist für die menschliche Vorstellungskraft zu groß. Die Wunder, die jetzt möglich sind, sind die Wunder, die schon immer vorbereitet waren, aber jetzt erst können sie geschehen, denn der Bewusstseinsgrad der Menschheit überschreitet gerade kollektiv diese Wundergrenze. Wunder sind dem möglich, der da glaubet. Einen wahren Glauben kann nur der haben, der wieder den Zustand eines Kindes eingenommen hat. Ein Kind kann glauben wie ein Kind. Höre, was ich nun sage:

Ein Kind kann nur deshalb glauben, weil ein Kind keine Erfahrung des Nicht-Glaubens hat. Ein Kind kann sich nicht in einen Gedankenzustand versetzen, in dem es nicht möglich ist, nicht zu glauben. Ein Kind kennt nur das Jetzt, und im Jetzt ist alles möglich. Deshalb sagte ich Euch doch: Werdet wieder wie die Kinder. Zu werden wie ein Kind bedeutet, die Hand an den Pflug zu legen und nicht zurückzuschauen. Nur wenn Du nicht zurückschaust, wirst Du nicht in dem Zustand des Nicht-Glaubens sein, des Zögerns oder des Zweifelns. Legst Du jetzt die Hand an den Pflug und schaust nach vorne, ist die alte Welt hinter Dir und damit nur noch die neue Welt in und vor Dir. Tust Du dies, wird diese neue Welt deine Jetzt-Welt sein, in der alles möglich ist. Bitte, dann wird Dir gegeben, klopf an eine Tür, und sie wird immer aufgetan. Frage und Du wirst immer eine Antwort erhalten. Dies sind die Gesetzmäßigkeiten, und sie erfüllen sich gerade jetzt vor deinen eigenen Augen. Dass ich nun, so wie ich bin, in diesem Körper, durch diesen Körper wieder bei Euch bin und sprechen kann, hat damit zu tun, dass Ihr Euch wieder gefunden habt in dieser Gemeinschaft. Diese

Lebensgemeinschaft nun zu gründen, ist von allergrößter Bedeutung, denn deine eigene Entwicklung wird sich enorm beschleunigen, wenn Du nur noch von deinesgleichen umgeben bist. Wenn dein Energiefeld nicht permanent dort draußen in der Welt, Ihr würdet sagen, diesen Spagat machen muss zwischen Energiefeld dort draußen und deinem eigenen Energiefeld, das in der Regel wesentlich höher ist, und wenn Du nur noch von deinesgleichen umgeben wärst, von Energiefeldern, die immer so sind wie Du, an Orten, die die Energie haben wie Du, wäre dies für deine geistige Entwicklung eine unvorstellbare Voranbringung nach vorne. Dies braucht es jetzt für diese Welt. Wünscht Euch diese Zentren herbei und sie werden entstehen. Sie sind bereits in der geistigen Welt vorhanden. Nun wünscht sie mit eurem Wünschen in die Materie. Fühle bereits, lebe bereits jetzt in diesen Zentren. Sieh, wie Du dort lebst, wie Du dort lehrst, heilst und handelst. Sieh, wie Du dort in großen Gemeinschaften dein Essen zubereitest, dein Essen zu Dir nimmst. Sieh die Natur und die Felder. Seht diese Orte, die an reinen Plätzen erschaffen werden. Mutter Erde hat sie längst vorbereitet. Jeder von Euch hat einen Platz, wo er hingeführt wird. Bereitet bereits alles vor, dass Ihr jederzeit, wenn der Ruf in Euch ertönt, einfach gehen könnt, weil Euch nichts mehr bindet, keine familiären Bande, keine materiellen Bande. Vertraut, es geschieht ganz von selbst. Ihr braucht nichts zu beschleunigen, es geschieht ganz von selbst. Wenn Du in deiner Mitte bleibst, in deiner inneren Ruhe, wirst Du den Ruf hören, wenn er ertönt. Du wirst ihn fühlen, Du wirst es wissen. Und Du wirst feststellen, dass alle Menschen, die zu Dir gehören, mitgehen werden. Es wird niemand zurückbleiben, außer denen, welche sich längst bereits von Dir gelöst haben und von denen Du Dich gelöst hast. Die Spreu trennt sich gerade vom Weizen, und Du bist der Weizen. Die Spreu und der Weizen können nicht zusammenbleiben, Spreu gehört zur Spreu und Weizen gehört zu Weizen. Wenn Du Weizen bist, dann gehe dorthin, wo der Weizen ist. Dies ist das Gesetz, und es ist ganz automatisch so. Es ist weder gut noch falsch noch richtig, es ist einfach, weil es ist.

Ich bitte Euch, diese meine Worte, die ich Euch heute gegeben habe, wieder zu verbreiten. Geht hinaus in die Welt und verbreitet die Wahrheit, dass jetzt die Zeit gekommen ist, wo die Menschheit bereit ist zu erwachen. Dein Erwachen ist das Erwachen der Menschheit. Ich bin bei Euch alle Tage. Ich habe es Euch versprochen, und ich habe mein Versprechen gerade wieder eingelöst bei Euch. Ich bin und bleibe bei Euch. Wenn Du möchtest, wenn Ihr möchtet, nehme ich jetzt wieder meinen Platz ein bei Dir, bei Euch. Es gibt nur einen Platz, wo ich sein kann, in deinem Herzen. Dort ist mein Thron, auf den ich jetzt wieder zurückkehre, wenn Du es möchtest. Es genügt ein einfaches JA. Dann gehe ich jetzt dort in dein Herz und setze mich auf deinen Thron. Du strecke nun deine Hände aus und sage:

ICH UND DU BIN EINS.

ICH BIN DER WEG. ICH BIN DIE WAHRHEIT. ICH BIN DAS LEBEN. DIE MENSCHHEIT KOMMT ZUR QUELLE. DURCH MICH. JETZT.

Glaubtest Du, dass diese Worte nur für mich waren? So weißt Du jetzt, dass diese meine Worte auch die deinen sind, denn Du bist jetzt bereits an demselben Platz in deiner Entwicklung wie ich. So sage die letzte größte Wahrheit:

ICH BIN CHRISTUS. CHRISTUS BIN ICH.

Auch hier nimm deine Hände, die rechte oder linke Hand. Beginne bei den Worten bei deinem Stirn-Chakra, wenn Du sagst ICH BIN. Dann gehe über deinen Mund zu deinem Herzen:

ICH, dann gehe noch in das göttliche BIN (Mund-Herz) CHRISTUS. Noch einmal:

Beginne bei deinem Dritten Auge: ICH BIN. Geh in den Kosmos nach oben mit deiner Hand und kehre zurück zu deinem Mund und dann gehe zu deinem Herzen:

CHRISTUS. JETZT. Und dann bist Du verankert.

Dies sind die heiligen Mantren, gegeben von der Quelle. Lebe sie und verbinde sie alle wieder mit der Quelle. So sei es und so ist es, denn so steht es in den Hallen von Amenti, in den heiligen Schriften, und so geschieht es jetzt. Vor deinen Augen. Gegrüßt seist Du im Licht und in der Liebe. Jetzt. Bis bald."

Das Prinzip von Geben und Nehmen

„Atme in deinem eigenen Sein ein und aus. Fühle, wie Du jetzt mit jedem weiteren Einatmen ganz bewusst Dich selbst und das Wesen, das Du bist, wahrnimmst. Der Schlüssel für das, was Du wirklich bist, ist dein Atem. An deinem Atem kannst Du erkennen, dass Du in Wirklichkeit geatmet wirst. Versuche nur, für eine gewisse Zeit diesen Atem anzuhalten, und Du wirst feststellen, dass es Dir unmöglich ist. Beim Atem wird Dir auch am deutlichsten, dass Du Dich in der Polarität befindest. Denn immer wenn Du einatmest, wird sich der andere Pol erzwingen, nämlich das Ausatmen. Und immer wenn Du ausatmest, wird sich der andere Pol erzwingen, und Du wirst wieder einatmen, gleichgültig, wie stark dein Wollen ist. Du wirst immer ein- oder ausatmen. Somit zeigen sich beim Ein- und Ausatmen auch die Polarität, nämlich das Geben und das Nehmen. Würdest Du jemals in deinem Leben versuchen, nur zu geben, würde sich irgendwann der andere Pol Dir aufdrängen, nämlich das Nehmen. Würdest Du nur nehmen wollen, würde sich irgendwann der Gegenpol, das Geben, aufdrängen, denn auch da zeigt sich die Polarität. Dieses Geben und Nehmen ist die liegende Acht, und der optimale Platz für Dich, wo Du Dich am besten aufhältst, ist dort, wo die beiden Schlaufen zusammenkommen, in der Mitte. In der Mitte zu sein bedeutet einzuatmen und auszuatmen, zu geben und zu nehmen und einfach mitten im Fluss zu bleiben, wenig anzuhaften, fließen lassen.

Da Du gerade diese Worte liest, um Dich selbst wahrzunehmen als das, was Du bist, und da es jetzt auch darum geht, dass Du die Möglichkeit hast, in direkten Kontakt zu kommen mit UNS, der Dich umgebenden geistigen Welt, wollen WIR, eure Seelen, und WIR, die Schutzengel, auch die geistigen Führer, nun diese Gelegenheit nutzen. Etwas zu wissen bedeutet, es zu wissen, aber etwas selbst zu erfahren, bedeutet, durch das Erfahren in den Glauben zu kommen, dass dies so ist. Hier wurde ja bereits viel über diesen Glauben gesprochen. Die Erfahrung von etwas, das real ist, gibt diesem Glauben die Kraft und lässt dann aus diesem Glauben heraus Dinge geschehen, die vorher scheinbar unmöglich waren. Der Glaube versetzt ja, wie Ihr wisst, bekanntlich Berge. Meist ist der zu versetzende Berg der Berg des Unglaubens oder des Zweifels. Wann immer Du in deinem Leben zweifelst, bist Du wieder in der Polarität. Zwei, Zweifel, Zweiheit bedeuten eben, in der Polarität zu sein. Wann immer Du wieder zurückkehrst in die Einheit, hebst Du den Zweifel und damit die Zweiheit auf. Wann immer Du in der Einheit bist, bist Du in deinem wahren Sein, in deinem wahren Wesen und damit in deiner Schöpfungskraft. So erinnere Dich in Zukunft immer dann, wenn Du zweifelst, dass Du gerade aus deinem eigenen Schöpfungsbewusstsein herausgefallen bist. Bist Du im Zweifel, ist Schöpfung unmöglich, denn die Schöpfung kann dann weder das eine noch das andere realisieren. Solange Du Dich im Zweifelzustand befindest, ist es so, als ob alle Ampeln auf Rot geschaltet werden. Zu zweifeln bedeutet, erst einmal zu sagen, nichts geschieht. Stopp, Einstellung aller Schöpfungsprozesse. Jetzt kannst Du selbst erkennen oder bestimmen, wie lange Du Dich im Zweifelzustand befindest, solange befindest Du Dich auch gleichzeitig im Stillstandzustand. Oft ist die einzige Lösung, um wieder aus diesem Zweifel herauszukommen, in die Einheit zu gehen und damit in das Vertrauen. Das Vertrauen setzt voraus, dass Du weißt, ja, es Dir immer wieder bewusst machst:

Ich bin selbst ein geistiges Wesen und bin doch umgeben von der geistigen Welt. Meine geistigen Führer umgeben mich, mein Schutzengel ist bei mir, ja, selbst meine Seele ist immer mit mir verbunden. Und da ich selbst ein geistiges Wesen und von der geistigen Welt umgeben bin, ja sogar durchdrungen werde, vertraue ich mir einfach und vertraue mich dieser geistigen Welt an. Ihr habt es früher einfach Gottvertrauen genannt. Nun, in dieser neuen Zeit, in eurem neuen Wissen wisst Ihr, dass es nicht nur ein Vertrauen in das Göttliche ist, es ist noch viel mehr, es ist das Vertrauen in die eigene Seele, die Dir so nahe ist, das Vertrauen in den Schutzengel, der Dir ja persönlich zur Seite steht und Dich betreut. Es ist das Vertrauen in die geistigen Führer, die aus anderen Inkarnationen das Wissen über die Materie, die Reinkarnation mit sich bringen, und die jetzt, nachdem sie ihren eigenen Reinkarnationszyklus bereits erfolgreich abgeschlossen haben, bei Dir sind und Dich beraten, führen und leiten können. Es ist eine sehr große Anzahl dieser deiner wahren Familie um Dich, die Dich permanent begleitet. Es ist deine Familie, es ist auch dein Gefolge. Die Worte dieses Buches dienen nun dazu, dass Du es nicht nur weißt, sondern jetzt selbst die Erfahrung machst, indem Du es wahrnehmen oder fühlen kannst.

So bitten wir Dich nun, WIR, die geistige Welt, die Dich umgibt und durchdringt – Du kannst es Dir auch, wenn Du möchtest, körperlich leichter und bildhafter machen – nimm deine beiden Hände und lege sie oben an deine Stirn und mache Dir jetzt bewusst:

Ja, ich bin ein denkendes Wesen, ja, ich denke. Und dann nimm deine beiden Hände, und als ob Du diesen Verstand nun herunterziehst, ziehe deine Hände herunter und bewege Sie zu deinem Herzen. Und nun lege, wenn Du möchtest, die Hände auf das Herz und sage:

Ja, jetzt bin ich auch ein fühlendes Wesen. Denn in der Zeit, die jetzt folgt, geht es vor allem darum, Dich wieder als das fühlende Wesen wahrzunehmen, das Du wirklich bist. Wir, die Dich umgebende geistige Welt, können Dich direkt wahrnehmen, fühlen lassen, dass wir da sind, wenn Du es erlaubst. Deine Offenheit gibt uns die Gelegenheit, dies tun zu dürfen. Es ist ein reiner Akt des Geschehen-Lassens, und dieser Akt kann nur von Dir aus vollzogen werden, nicht von uns.

Atme, wenn Du möchtest, tief ein und aus, und fühle jetzt ganz stark dein Herz, fühle deinen Herzschlag, fühle deinen Gefühlsschlag. Das Herz, das schlägt, ist auch das Fühlen, das in Dir schlägt. Dein Herz macht Dich auch zu diesem fühlenden Wesen. Und so wie Du jetzt gerade dein Herz fühlst, kannst Du jetzt gleich uns, die Dich umgebende geistige Welt, fühlen. Um es dir leichter zu machen, können WIR, die Erzengel, jetzt für Dich einen Raum erschaffen, der dir die Gelegenheit gibt, durch seine Neutralität, durch seine Freiheit von den Einflüssen dieser Jetzt-Welt, dieser materiellen Welt, Dich selbst und uns wahrzunehmen. Wenn Du dies wünscht, ist es nun gemeinsam mit dir möglich, indem wir es dann tun, weil Du uns den Auftrag gibst. Auch hier ist der freie Wille des Menschenwesens, das inkarniert ist, die Voraussetzung. Du kannst dies jetzt tun, Du kannst es immer tun, wo immer Du bist, zu Hause in deinen vier Wänden, in einer kleinen oder großen Gruppe, es spielt keine Rolle, an deinem Arbeitsplatz, in einem Auto, gleichgültig, wo Du Dich befindest:

Das, was wir jetzt mit Dir tun, was Du jetzt selbst in Auftrag gibst, kannst Du immer tun, indem Du ganz einfach nun Folgendes sagst:

Ich bitte Euch, die Erzengel, diesen Raum nun für mich hermetisch zu versiegeln. Versiegelung jetzt.

Nun fühle, nimm wahr, wie WIR, die Erzengel, uns in die Ecken dieses Raumes gestellt haben. Wenn es Dir hilft, stelle Dir vor, dass wir unsere Lichtschwerter, unsere Lichtstäbe in der Mitte zusammengeführt haben – es ist wie ein Dom – und dass wir jetzt einen Lichtschild um diesen Raum bilden. Nun atme tief ein und aus, wenn Du möchtest, und fühle, wie es sich nun für Dich energetisch anfühlt, wenn Du jetzt in einem Raum bist, der für diese kurze Zeit hermetisch versiegelt ist vor den Einflüssen dieser Welt. Fühle, wie es für Dich jetzt viel leichter möglich ist, deine eigene Emotionalität wahrzunehmen, dein Sein wahrzunehmen. Und während Du nun weiter möglichst bewusst ein- und ausatmest, findet so etwas wie eine Aktivierung deiner Wahrnehmung statt. Es findet durch dein bewusstes Einatmen jetzt in diesem Raum eine Sensibilisierung deiner Wahrnehmung statt. Wenn Du erlaubst, können wir jetzt gerade eure neuen Sinne kalibrieren und ausrichten. Dies ist die Voraussetzung für eure geistigen Sinne, eure geistigen Fähigkeiten wie Hellsehen, Hellfühlen, das Wahrnehmen und Hören von uns, der geistigen Welt. Immer genügt deine innere Offenheit, immer genügt dein inneres Ja-Sagen, immer genügt dein innerer Wunsch, dein inneres Ja, das möchte ich – das reicht vollkommen. Wenn Du Angst umwandelst in Vertrauen, ist alles möglich. Und während Du jetzt ganz bewusst weiterhin ein- und ausatmest, können wir es für Dich noch leichter machen, indem wir jetzt die Schwingung im Raum so anheben, dass es Dir noch leichter ist, dein emotionales Sein wahrzunehmen. Auch hier genügt es, wenn Du sagst:

Ich bitte Euch, die Erzengelkräfte, die Schwingung nun in diesem Raum anzuheben auf die Dimension der Fünf. Schwingungsanhebung jetzt.

Nun fühle, es ist so, als ob der Deckel einer Käseglocke hochgenommen wird, fühle, wenn Du tief einatmest, wie Du ganz leicht wirst. Es ist plötzlich so leicht, deine Gedanken sind jetzt plötzlich so schwebend, sie sind ganz leicht. Atme einfach tief ein und aus und fühle, wie Du dich jetzt plötzlich nur noch in einem Seins-Zustand befindest. Das permanente Denken, wie Du es kennt, hat sich jetzt aufgelöst in einfaches Sein. Du bist hier, Du atmest einfach tief ein und aus, und es fällt Dir ganz leicht, einfach zu sein. Immer wieder deinen Atem bewusst wahrzunehmen, wie Du einatmest und wieder ausatmest.

Und nun können wir mit Dir einen Schritt weitergehen. Es ist Dir bisher immer sehr leicht gefallen, diesen materiellen Körper wahrzunehmen, da Du Dich ja sehr stark auf ihn konzentriert hast. Nun könntest Du einen Schritt weitergehen, wenn Du dies möchtest. Wir können Dir dabei helfen. Achte jetzt auf die Energie – es ist das Energiefeld in Dir – indem Du nochmal tief ein- und ausatmest, gehe jetzt, wenn Du es möchtest, außerhalb deines materiellen Körpers. Du bist jetzt in deinem ätherischen Körper. In deiner Wahrnehmung ist es so, als ob Du Dich jetzt außerhalb von deinem Körper befindest, so ungefähr einen halben bis einen Meter um Dich herum. Es ist eine energetische Barriere, die Du dort fühlst. Es ist etwas um Dich, das etwa einen halben bis einen Meter energetisch um Dich ist, das ist dein ätherischer Körper. Jetzt wäre es sehr wichtig, dass Du kurz überprüfst, ob dein ätherischer Körper in Ordnung, also ausgeglichen ist. Das geht ganz einfach:

Nimm dein inneres Auge und gehe einmal 360 Grad um Dich herum und nimm deinen ätherischen Körper wahr. Es geht nicht mit deinem Verstand, lass es einfach geschehen. Wenn Du feine Risse siehst, dann nimm gedanklich deine Hände und ziehe – als ob das wie Watte oder Plastilin ist, mit dem eure Kinder spielen – das einfach übereinander, und so schließt sich dieser feine Riss. Oder wenn Du ein Loch wahrnimmst in deinem ätherischen Körper, dann ziehe ganz stark die beiden Flächen über das Loch, verstreiche sie mit den Händen und versiegele sie. Wenn Du irgendwo an deinem ätherischen Körper vielleicht eine Eindellung wahrnimmst – so wie bei einer Getränkedose – dann gehe einfach, wenn Du willst, mit den Händen an diese Stelle und drücke sie wieder hinaus. Überprüfe jetzt noch einmal, ob dein ätherischer Körper wieder vollkommen ist, ob noch irgendwo ein Loch oder eventuell ein feiner Haarriss ist, und dann verschließe es einfach, es geht alles mit dem Bewusstsein.

Wir bitten Dich, Heiler/Heilerin, tue das in Zukunft bei den Menschen, die zu Dir kommen. Schaue Dir immer zuerst ihren ätherischen Körper an, denn wenn er verletzt ist, wird in einem gewissen Zeitrahmen der materielle Körper an diesen Stellen, weil er energetisch verletzt ist, ein Defizit erleiden. Wenn Du diese ätherische Ebene wiederherstellt, wirst Du gleichzeitig verhindern, dass auf der körperlichen Ebene ein Defekt entsteht. Wenn schon ein körperlicher Defekt vorhanden wäre, und Du würdest das Ätherische wieder herstellen, würde sich auch die körperliche Ebene wiederherstellen. Wenn einer von ihnen bereits ein körperliches Symptom hat, schaue doch einfach, wo in dem Körper sich der Defekt bereits manifestiert hat, und dann schaue in den ätherischen Körper, was dort ist. Wenn Du diese schwarzen Stellen dort wahrnimmst, dann gehe mit einem geistigen Poliertuch über diese schwarzen Stellen und mache sie einfach wieder weg. Du wirst sehen, es ist wie mit einem Spiegel, wenn dieser einen Fleck hat, dann kannst Du ihn wegmachen. Es geht ganz einfach. Verstehst Du? Heilung findet immer auf der geistigen Ebene statt durch Sofortheilung aus dem Glauben heraus oder durch Wiederherstellung der einzelnen Körper, wie dem ätherischen, dem emotionalen oder auch mentalen. Es ist wichtig, dass Du diese Dinge in Zukunft beachtest. Wenn Du das Gefühl hast – es reicht, ein gutes Gefühl zu haben – dass dein ätherischer Körper wieder vollständig ist – er sollte wie ein Flaschenhals nach oben gehen – kannst Du jetzt sogar, wenn Du möchtest, den Flaschenhals etwas größer machen, so dass mehr Lebensenergie in Dich einströmen kann. Auch hier kannst Du deine Hände nehmen, so wie bei den Tongefäßen und einfach ganz sanft dieses Behältnis, diesen Flaschenhals größer machen, so dass es sich für Dich gut anfühlt. Du kannst auch, wenn Du möchtest, deine Hände nehmen und den ätherischen Körper etwas hinausdrücken, also ihn erweitern, wenn sich das gut anfühlt. Wichtig ist immer, dass Du auf das gute Gefühl achtest. Achte also immer darauf, wie Du dich dabei fühlst. Das Gefühl ist die einzige Instanz, die Dir die Wahrheit übermitteln kann. **Nicht was Du denkst, sondern was Du fühlst, ist Wahrheit.** Aber das weißt Du natürlich.

Nun, wenn Du erlaubst, können wir noch einen Schritt weitergehen in deinen emotionalen Körper. Nun fühle, jetzt geh aus deinem ätherischen in den emotionalen Körper. Nimm jetzt einfach diesen gesamten Raum wahr. Stell dir vor, fühle, dass Du dieser Raum bist. Du kannst an die Wände des Raums gehen, Du kannst den Raum fühlen, mit deinem Rücken, mit deinem Kopf. Du bist jetzt ganz dieser Raum, bis an die Decke. Du kannst, wenn Du möchtest, sogar durch die Wände ganz fein hindurchgehen, durch die Decke, ganz sanft, und wieder zurückkommen. Und nun fühle, dass Du dieser Raum bist. Nimm ganz diesen Raum ein. Atme weiter ganz bewusst und fühle, dass Du dieser Raum bist. Es geht über das Fühlen. Es ist nur das Fühlen von Bedeutung. Und jetzt wirst Du verstehen, was Dir hier vermittelt wurde, besser übermittelt wurde. Da jetzt doch gerade alle diesen Raum gemeinsam teilen, kannst Du jetzt fühlen, weil Du es erkennst, dass Ihr immer eins seid. Nun verstehst Du, warum wir Euch gesagt haben:

Ihr werdet erkennen, dass Ihr alle eins seid, eines seid. Und da Ihr jetzt eins seid, nehmen eure emotionalen Körper, da sie ja gerade denselben Raum einnehmen, Informationen voneinander auf. Und jetzt wirst Du verstehen, warum es so wichtig ist, was Du von Dir glaubst. Jetzt verstehst Du, warum es so wichtig ist, immer in der Wahrheit zu sein. Denn würdest Du die Lüge in Dir tragen in einem Lebensbereich, würde was jetzt gerade geschehen? Sie würde sich übertragen, ja. Bist Du aber immer in der Wahrheit, dann wirst Du immer die Wahrheit an Andere übertragen. Diesen Mut in deinem Leben zu haben, immer wahr zu sein, den Mut zu haben, das Wahre, das in Dir ist, weil Du es fühlst, auszusprechen, es zu übermitteln – das ist von großer Bedeutung. Oft kannst Du nur sagen:

Ich habe da ein gutes Gefühl oder ich habe da kein gutes Gefühl. Und das ist genug, das ist mehr als genug. Du musst es nicht wissen, ob es gut oder nicht gut ist.

Eine große Wahrheit ist:

Es gibt Zweifel des Denkens, aber es gibt niemals **Zweifel des Fühlens**. Deine Gefühle sind immer eindeutig, entweder ein klares Ja-Gefühl oder ein klares Nein-Gefühl, ein ungutes Gefühl. Ein ungutes Gefühl ist immer ein Nein-Gefühl oder ein Noch-Nicht-Gefühl. Es ist so einfach, dass Du Dich selbst führst, wenn Du den Mut hast, auf deine Gefühle zu achten. Die Gefühle sind das Seelensein in Dir. Über die Gefühle, über die Wahrnehmung deiner Gefühle, über das Vertrauen in deine Gefühle vertraust Du deiner Seele in Dir. Niemals sage zu etwas Ja, weil dein Verstand es Dir durch Nutzen- oder Vorteilsdenken anpreist, wenn dein Gefühl Nein sagt. Du wirst ganz sicher auf deinem Seelenplan vorankommen, immer dann, wenn Du deinem Fühlen in Dir vertraust und immer dann, wenn Du den Mut hast, diesem Gefühlten zu vertrauen. Du wirst mit deinen Mitmenschen immer in Harmonie sein, wenn Du den Mut hast, einfach zu sagen:

Du, da hab ich ein gutes Gefühl oder da hab ich kein gutes Gefühl. Nun können wir noch einen Schritt weitergehen, wenn Du es erlaubst. WIR, die Dich umgebende geistige Welt, sind jetzt hier, dein gesamtes Gefolge, ja, deine Familie.

Alle diejenigen, die bereits ihren Inkarnationskörper in dieser Inkarnation verlassen haben, seien es Eltern, Freunde, Geschwister, Partner oder auch Tiere – sie sind jetzt gerade hier. Sie haben sich vorbereitet auf diesen Zeitpunkt, aber auch all diejenigen, die Du aus anderen Inkarnationen kennst, mit denen Du in anderen Inkarnationen verbunden warst, sie sind jetzt auch hier. Sogar all deine anderen Seelenanteile, die Du in anderen Inkarnationen als deine Leben gelebt hast, sind jetzt hier, denn auf der geistigen Seite gibt es diese Zeit nicht, da ist alles jetzt. Und dein Gefolge ist hier. Alle, die Dir jemals nahestanden, sind jetzt hier. Wenn Du erlaubt, können WIR, die Erzengel, jetzt für einen gewissen Zeitraum die Schleier, die diese beiden Welten noch trennen, lüften, so dass WIR jetzt mit Dir in Raum und Zeit zusammen sind und Du uns fühlen kannst. Es genügt von Dir ein einfaches Ja.

Dann öffnen wir jetzt für Dich, solltest Du Ja gesagt haben, die Schleier, und dein Gefolge betritt jetzt diesen Raum, sie alle. Sie umgeben Dich jetzt ganz sanft und nehmen Platz bei Dir. Die geistigen Führer haben sich um Dich aufgestellt, ja, sie legen jetzt sogar ihre geistigen Hände auf Dich. Nun fühlst Du, dass Du sie bereits lange kennst. Mit vielen warst Du in einer anderen Inkarnation, vor allem in den Zeiten von Atlantis, zusammen. Viele der geistigen Führer kennst Du aus Atlantis und den Zeiten davor: Lemuria. Sie sind jetzt gerade hier in dieser so wichtigen Zeit, denn sie können jetzt nur hier sein, weil Du hier bist. Dein energetisches Feld gibt ihnen die Aufenthaltsmöglichkeit. Weißt Du, dass ein geistiges Wesen immer nur dann in der

Nähe der Materie sein kann und in der Materie, wenn das Energiefeld eines inkarnierten Wesens dies geschehen lässt? Dein vorgeburtliches Ja hat ihnen die Möglichkeit gegeben, überhaupt hier zu sein bei Dir. Du hast viele Jas und viele Erlaubnisse gegeben, an die Du dich teilweise nicht erinnern kannst, aber sie sind gegeben worden – und sie wirken jetzt, und das ist gut so. Du würdest Dich wundern, was da noch alles in deinem Leben ansteht, zu dem Du Ja gesagt hast. Doch die Wahrnehmung dessen, was jetzt ansteht, unterscheidet sich in enormer Art und Weise von dem, was hinter Dir liegt. Stell Dir vor, das, was hinter Dir liegt, ist wie eine Welt, die im Nebel war. Es hat sehr oft geregnet dort. Nun, in dieser neuen Welt, da sie viel höher liegt, sind die Wolken unterhalb dieser Welt, und Du siehst jetzt Sonnenschein und wunderschönen blauen Himmel. Du siehst Schmetterlinge und Felder, einen Weg, der ganz klar vor Dir liegt. Es ist ein ganz klarer Pfad. Und wenn Du möchtest, geh jetzt einfach einen Schritt auf diesem neuen Weg hinauf und vielleicht auch einen zweiten oder einen dritten, und lass die Welt hinter Dir. Fühle nun, dass WIR an deiner Seite sind, schon immer waren und immer sein werden. Wenn Du willst, nehmen wir jetzt deine Hände, Wir, die geistigen Führer, Wir, deine Schutzengel, wir, die Euch umgebende geistige Welt, die Erzengel, Wir nehmen deine Hände und führen Dich.

Und da der, durch den ich heute spreche, mich jetzt gerufen und darum gebeten hat, dass ich heute zu Dir spreche, werde ich diesem Wunsch folgen. Es genügt in allem Sein ein wünschendes Herz, und dann geschieht es. Es ist mir eine große Freude, nun wieder, indem ich umgeben bin von den Meinen, das zu tun, was ich versprochen habe, wenn die Zeit reif ist. Ich habe gesagt, wenn ich wiederkomme, werde ich Dich in das Reich Gottes mitnehmen, denn ich bin ja nur für kurze Zeit vorausgegangen, um alles vorzubereiten, und ich habe Dich gebeten zu bleiben. Bleibe, bis ich wiederkomme, habe ich gesagt. Und Du hast gesagt, ja, ich bleibe. Inkarnation für Inkarnation bist Du geblieben. Leben für Leben hast Du die Liebe und die Wahrheit gelebt, Leben für Leben warst Du bei den Menschen, bei den Kindern. Du hast sie immer die Liebe und die Wahrheit gelehrt. Oft hast Du dein Leben gegeben für die Wahrheit. Und eins der mächtigsten Völker dieser Erde erzitterte, denn sie konnten es nicht verstehen, als sie sahen, wie Ihr, wie Du mit einem strahlenden Lächeln, mit leuchtenden Augen das für sie Wertvollste, Wichtigste gegeben habt, das Leben, ohne Angst zu haben vor den Schmerzen, ja nicht einmal vor dem Tod. Sie konnten es nicht verstehen, denn ihre mächtigsten Krieger hatten Angst vor dem Tod. Und Ihr, die Ihr keine Waffen hattet – Ihr wart gegürtet in einfache Kleider, eure Kinder waren bei Euch – habt in den letzten Stunden gesungen. Sie konnten es nicht verstehen. Erinnerst Du Dich wieder? Fühlst Du die Kraft, die Du damals schon in Dir hattest? Du warst erfüllt von der Wahrheit und der Liebe. Und Du warst bereit, dieser Welt, gleichgültig, was sie mit Dir getan hat oder tun würde, treu zu sein bis zur letzten Sekunde. Und Du trägst diesen Mut, diese Liebe und diese Wahrheit noch in Dir, denn jetzt bist Du wieder da. Doch diesmal braucht es nicht dein Leben, es genügt deine

Liebe und deine Wahrheit, denn sie sind jetzt reif, die, die damals nicht verstanden haben und wie Kinder waren. Sie sind auch wieder hier, natürlich durch die Bande verknüpft mit Dir. Auch das war ein Grund, auch das ist eine tiefe Wahrheit, die so noch niemals ausgesprochen wurde, gerade Ihr, die ältesten der alten Seelen, die Meinen, habt durch die vielen Inkarnationen so viele Menschenseelen, versteht es bitte richtig, durch euer Da-Sein und euer mit ihnen Zusammensein an Euch gebunden, gleichgültig was sie Euch jemals in einer Inkarnation angetan haben. Es hat sie an Euch gebunden, und nun seid Ihr wieder da, tragt die Wahrheit und die Liebe im Herzen, und nun müssen sie ausgleichen, was sie damals getan haben. Sie tun dies kollektiv, nicht dass sie wissen, was sie tun. Es genügt, wenn Du weißt, dass es geschieht, und es genügt, wenn Du weißt, wozu es geschieht. Dies ist das einzige, was es braucht, dass Du Dich selbst in deinem innersten Wesen erkennst und dass Du Ja zu Dir sagst, dass Du keinen einzigen Gedanken eines Zweifels in deinem Sein geschehen lässt, denn die Kraft, die Du bist, und die Liebe, die in Dir ist, braucht diesen tiefen Glauben. Doch Du fühlst es jetzt gerade. Es ist die Wahrheit. Sonst könntest Du es niemals fühlen. Du hast schon den tiefsten Glauben in Dir getragen, und nicht einmal der Tod konnte Dich von diesem Glauben abbringen. Vor was willst Du jetzt noch in diesem Leben Angst haben, wenn Du bereit warst, dem Tod ins Angesicht zu sehen, und das war nicht nur in einer Inkarnation, Ihr habt es in vielen Inkarnationen getan. Nicht einmal die Flammen konnten Euch dazu bewegen, selbst in der letzten Sekunde eures Seins wütend zu sein oder sie zu verfluchen oder was sie gedacht haben, was sein müsste. Auch hier habt Ihr ihnen die Liebe gegeben, weil Ihr wusstet, dass sie nicht verstehen, was sie tun. All das, was Ihr getan habt in diesen vielen Inkarnationen, hat die Voraussetzung erbracht für das, was jetzt gerade geschieht. Kollektiv habt Ihr Leben für Leben – oft auch durch das Geben eurer materiellen Körper – die Voraussetzung erschaffen, die jetzt gerade diese Welt heimführt. Immer mehr versteht Ihr nun, wie sehr Ihr mit dieser Welt und ihren Menschen verbunden seid. Und Ihr versteht, es brauchte diese Zeit, um all diese Dinge in ihnen heranreifen zu lassen. Und diese Menschheit ist wahrhaft reif, sie ist reif für den Wandel. Sie sind wie Orangen, die gepflückt werden wollen, und Ihr seid die Pflücker.

Und nun ist der Punkt gekommen in dieser Inkarnation für Dich, dass Du das tust, was ich Dir vorausgesagt habe: Sei bereit in der Nacht, am Tag, wann auch immer. Erinnerst Du Dich? Ich habe Dir ein Gleichnis gegeben von den Jungfrauen. Mit diesem Gleichnis habe ich Euch gesagt, dass Ihr immer bereit sein sollt. Der Kluge ist immer bereit, denn er weiß weder die Zeit noch die Stunde, noch den Ort, aber die Bereitschaft ist immer gegeben. Ist das innere Sein vorbereitet, kommt der Bräutigam auch in der Nacht, wird das innere Licht entzündet, und weil es damit die Wahrheit in sich trägt, kommt der Bräutigam. Und es findet wieder die Vermählung statt zwischen menschlichem Sein und göttlichem Sein. Dass Du bereit bist, hast Du selbst bereits bewiesen, indem Du heute hier bist. Dein Hiersein zeigt Dir, wie sehr Du bereits deinem inneren Sein, deinem inneren Fühlen, dieser inneren Stimme in Dir vertraust. Das ist für Dich genügend

Bestätigung, wie weit Du bereits in deiner eigenen Seelenentwicklung vorangekommen bist. Nun vollende es, wenn Du es möchtest. Die Gelegenheit ist jetzt.

Spreche vor all denen, die Du kennst aus all diesen Inkarnationen, die jetzt körperlich oder geistig um Dich sind, spreche nun laut vor ihnen die höchsten Schöpfungsworte aus, und damit sagst Du wieder, wer Du bist. Wenn Du möchtest, kannst Du es durch die Symbolik deiner Hände verstärken, indem Du jetzt zu Beginn deine Hände auf dein Herz legst und sagst: GOTT IN ALLEM. GOTT ICH BIN.

Wenn Du es sagst, legst Du deine Hände auf dein Herz, gehst mit deinen Händen über deinen Mund, über deine Nase, über dein Drittes Auge und gibst dann diese Energie in den Kosmos, und dann kehrst Du wieder zu deinem Herzen zurück. GOTT IN ALLEM. GOTT ICH BIN. JETZT.

Dies ist die höchste Schöpferwahrheit, und Du weißt, ich habe es Euch immer gelehrt, dass das ICH BIN das eigene Schöpfungspotential in Dir aktiviert. Ich hab Euch gelehrt, dass das wahre Beten das ICH BIN ist. Ich habe Euch immer wieder gesagt, nimm das göttliche ICH BIN, die höchste Schöpferkraft, und alles, was Du möchtest, geschieht. Verbinde es mit dem ICH BIN, und es geschieht nach deinem Glauben. Ich habe es Euch gelehrt, und Ihr habt es gelebt, und jetzt in dieser Zeit bitte ich Dich wieder:

Lebe das, was Du bereits bist und was in Dir ist. Sei wieder der Jünger, sei wieder die Jüngerin der Wahrheit und der Liebe. Kehre zurück zu deiner wahren Essenz.

Und nun sage das Höchste, was ein Menschenwesen sagen kann: ICH BIN CHRISTUS. JETZT.

Fühle, was in Dir geschieht, wenn Du diese höchste Wahrheit aussprichst. Erinnerst Du Dich, dass ich Euch gesagt habe, ich bin der erste Christus und viele werden folgen? Das Christusbewusstsein, das gerade dabei ist, sich auf dieser Welt zu manifestieren, manifestiert sich zuerst in Euch und in Dir. Ihr schafft die geistigen Voraussetzungen, dass das Feld es dann kollektiv für die Menschheit übernehmen kann. Ist im Feld das Christusbewusstsein wieder aktiviert, wird die gesamte Menschheit erfüllt sein vom Christusbewusstsein. Dann werden alle Menschen aus diesem Christusbewusstsein heraus denken, fühlen und handeln. Das ist das Ziel, das war das Ziel von Anfang an und dies geschieht jetzt. Diese Welt kehrt nun zurück in ihr Sein von dort, wo sie zuerst ausgegangen ist. Dies ist die Wahrheit, so ist es, und so geschieht es jetzt vor deinen Augen, vor euren Augen. Nun ist es vollbracht.

Atme noch einmal tief ein und aus und halte noch einmal dein Energiesystem. Es ist für all diejenigen, die das noch nicht geübt haben, zuerst einmal nicht einfach, längere Zeit in diesem Energiesystem zu verweilen. Tue es öfter, so oft Du kannst. Kommt immer wieder zusammen, denn dann könnt Ihr Euch immer länger und häufiger in diesem Energiefeld aufhalten. Es wird Euch dann nicht so ermüden, wie jetzt gerade der Eine oder Andere sehr ermüdet wird.

Ich danke Euch und ich liebe Euch von ganzem Herzen. Ihr seid in mir und ich bin in Euch, schon immer, und ich habe Euch versprochen, wenn ich komme, bleibe ich. Ihr habt gefragt, wann kommst Du wieder und wann bleibst Du? Und ich habe gesagt, bald. Du wusstest nicht, dass ‚bald' 2.000 Jahre sein würden. Doch jetzt ist bald. Und nun, wenn

Du erlaubst, würde ich hier bleiben, und ich würde jetzt gerne dort hingehen, wo mein Platz ist. Und es gibt nur einen Platz, wo ich sein kann, er ist in deinem Herzen. Dort habe ich bereits meinen Thron aufgestellt, das symbolische Sein. Und wenn Du erlaubst, würde ich jetzt dort in Dir Platz nehmen, in deinem Herzen. Es genügt auch hier ein einfaches JA. Dann gehe ich jetzt in dein Herz und nehme dort wieder meinen Platz ein, für immer.

Nun bin auch ich in Dir. Wo Du bist, bin ich. Wenn Du möchtest, kann ich durch Dich sprechen, wenn Du sprichst. Wenn Du möchtest, kann ich durch Dich fühlen. War das nicht immer dein Wunsch, so zu sein wie ich? Und nun bist Du es. Sei gegrüßt im Licht und in der Liebe. Für alle Zeit. Ich, Yeshua, dein Bruder, für immer.

Vielen Dank, dass Du mit deinem ganzen Sein heute hierhergekommen bist, mit deinem Herzen. Du weißt jetzt, wer Du wirklich bist, Du weißt, was Du alles die letzten Leben oder Inkarnationen getan hast, und alles ist in dir enthalten. Vielen Dank, dass es Dich gibt und dass Du für die Menschen gerade jetzt wieder da bist, denn sie sind bereit, das auszugleichen, was sie damals in den vielen anderen Inkarnationen getan haben. Es wurde noch niemals so übermittelt, es war heute das erste Mal. Und sei dort, wo Du bist, das, was Du in Wahrheit bist, nämlich Licht, Liebe und Wahrheit. Und verändere die Welt einfach, weil Du da bist.

Ich freue mich, wenn wir uns irgendwann wiedersehen, wo immer das sein darf. Und bis dahin wünsche ich Dir das Beste. Wundervolle Freude, Liebe, Fülle, Lachen. In diesem Sinne Danke und bis bald."

Entfalte deine Gleichgültigkeit

[Erzengel Michael, ich danke für klärende Worte für uns alle! Danke dafür von ganzem Herzen.]

„Ja, hier bin ICH. Wie Du es ja deutlich fühlen kannst, ist dies Fühlen mehr geworden, fast so, als verlierst Du das Gefühl der Körperlichkeit, doch das wirklich Bedeutende ist dies:

Wo immer Du bist und was auch immer Du tust, da bin immer auch ICH, sind WIR, die Dich umgebende geistige Welt. Auch wenn Du dies anders wahrnimmst, da Du Dich ja selbst noch in der Polarität befindest, so sind doch dein und MEIN SEIN, UNSER aller SEIN vollkommen verbunden, eins seit Anbeginn. So ist all dein Erfahren auch das meine, unsere. Was bedeutet dies wirklich?

ICH bestimme gemäß dem Seelenplan immer in Beachtung deiner zulassenden oder verhindernden Bewusstseinsinhalte, besser verständlich deiner Gedanken, was da geschieht in deinem Leben. Was ist die Konsequenz daraus? Was Du gerade erfährst, ist da in deinem Leben, denn der Grund für alles sind WIR, Du und ICH. WIR beide erleben es zusammen. Dies ist wahr. So heißt dies nun einfach für Dich, dies Wissen gibt Dir tiefe Sicherheit, tiefes Vertrauen, das Dir gerade Geschehende ist gelassen immer von MIR! Da ICH ja die geschehen lassende Energie im Hintergrund bin, ist Dir dies Erfahren in deinem Leben nun die Bestätigung, ja, es ist zu Dir gehörend, notwendig, da tief sinnvoll. All das Dich in deinem Leben Bedrängende, es liegt doch auf der Hand. Wenn Du weitergehst als bis zum Gefühl der

Ohnmacht, kommt dann früher oder später dies Gefühl der Gleichgültigkeit in Bezug auf diese eher weltlichen Dinge. So sind diese Erfahrungen auch sinnvoll, da sie Dich Gleichgültigkeit lehren, und braucht es nicht gerade dieses Sein in der Mitte der Gleichgültigkeit bei so einem entscheidenden Thema wie dem von Dir gerade erfahrenen? So bist Du bereits deinem zu erlangenden Ziel der Gleichgültigkeit sehr nahe! Sie führt Dich zur wahren Freude, denn Freude ist erst möglich durch diesen gefühlten Zustand der Gleichgültigkeit. Immer braucht es zur Erlangung eines gewünschten Zustandes den Vorzustand, der diesen gewünschten Zustand nun mal bedingt. So sind dies die sich bedingenden Zustände:

- **Freude braucht zuerst Gleichgültigkeit.**
- **Liebe braucht vollkommene Akzeptanz.**
- **Fülle braucht tiefe Demut und Dankbarkeit.**
- **Gesundheit braucht völliges Vergeben und Annehmen.**
- **Ordnung braucht Freiheit in allem.**

Doch **meine** Hauptbotschaft für Dich heißt:

ICH führe all dies tief Sinnvolle für Dich hin zu Dir.

Ja! Du fühlst Freude, doch dies ist erst der Anfang, und es zeigt dir, dass dieses dein Ausrichten auf Freude bereits die ersten fühlbaren Ergebnisse zeigt. Du bist diesem Punkt der 50 benötigten gelben Steine sehr nahe gekommen, der benötigten Energie, wie ich Dir in einem anderen Beispiel bereits erklärte. Bleibe Du bei der bewussten Ausrichtung und Auffüllen deiner Felder mit Freude. Und sobald dieser Punkt der Manifestation überschritten ist, ja, bereits ab Erreichung desselben, wird Freude zu deinem automatischen Sein und damit Fühlen und sogar Denken. Bleibe ganz leicht dabei und Freude und damit freudvolle Erfahrungen sind dein. Erzengel Michael, in Liebe für Dich."

Der Seelenweg von Inkarnation zu Inkarnation – Sinnestäuschung durch die Materie

„Ihr seid ihn gegangen, den langen Seelenweg. Von Inkarnation zu Inkarnation bist Du, der Du Dich nennst *mein Seelenanteil* und der Du Dich in einer dualen Welt befindest, scheinbar getrennt von mir, der Seele, einen eigenen Weg gegangen unendlich lange, und Du hast viele Erfahrungen gemacht. Du warst Mann und Du warst Frau, Du warst jung und Du warst alt. Du warst Kind und hattest selbst Kinder. Du hast gelacht und gespielt, hast Schmerzen ertragen und selbst Anderen Schmerzen zugefügt. Du hast Leben gegeben und Leben genommen. Du hast so viele Leben in so völlig unterschiedlichen, Dich umgebenden Räumlichkeiten, Menschen und Zeiten und Gegebenheiten gelebt. Nach jedem dieser Leben bist Du zurückgekehrt zu uns in die geistige Welt, hast mit mir, deiner Seele, Rücksprache gehalten. Ja, wir haben dein Leben besprochen, jedes Detail. Du hast mit mir besprochen, was Du gelernt und was Du erfahren hast. Dann hast Du Dich erst einmal ausgeruht, bis Du in Dir den Impuls spürtest, wieder zurückzukehren, um neue Erfahrungen zu machen. Jedes Mal beim Eintritt in diese materielle Welt hast Du relativ schnell vergessen, wer Du bist. Immer wieder, so auch in diesem Leben, hattest Du das vollkommene Gefühl, ganz ein Mensch zu sein, ganz dieser Körper zu sein, denn dies ist die Grundvoraussetzung, um an diesem Spiel des Lebens überhaupt teilzunehmen. Du musst nach einer gewissen Zeit nach dieser Geburt – wie Ihr sie nennt – vergessen, dass Du in Wirklichkeit ein geistiges Wesen bist, dass Du Dich in Wahrheit ja vor deiner Geburt selbst als geistiges Wesen ummantelt hast mit dieser Materie, um daraus einen Körper zu bilden, den Du dann benützt, um mit ihm Erfahrungen zu machen. Doch ich als deine Seele, die ich bin, erinnere Dich jetzt in deinem Leben daran, dass Du Dich erinnerst, wer Du wirklich bist. Dein Hiersein mit ihnen allen zeigt Dir, dass für Dich nun der Zeitpunkt gekommen ist und Du es ja bereits gespürt hast, dass eine große Veränderung ansteht. Im Spüren hast Du viele deiner Wahrheiten schon lange vorher wahrgenommen, bevor Du sie dann in deinem Leben selbst erfahren durftest. Diesem inneren Spüren mehr und mehr Raum zu geben, ist von entscheidender Bedeutung, um Dich wieder wahrzunehmen als das, was Du bist. Und nun wirst Du, weil Du diese Worte jetzt liest, etwas verstehen:

Solange Ihr durch eure Augen und damit alle eure Sinne hinausschaut in diese Welt, werdet Ihr das Gefühl haben, dass Ihr selbst Teil dieser Welt seid, denn solange Ihr hinausschaut, seht Ihr all die anderen Körper, und Ihr nehmt Euch selbst als einen Körper wahr. Nun versteht Ihr, warum alle eure Formen, die Ihr entwickelt habt, um Euch selbst zu finden, etwas damit zu tun haben, in die Stille zu gehen. Nun verstehst Du, warum alle eure Formen, die Ihr auch Meditationen oder innere Sammlungen nennt, etwas damit zu tun haben, für eine gewisse Zeit die Augen zu schließen. Nun verstehst Du, was passiert, wenn Du die Augen schließt, so wie gerade jetzt. Sofort hört die Beeinflussung der Welt dort draußen auf, denn in dem Moment, wenn Du die Augen schließt, kannst Du Dir kein Bildnis mehr geben, das Dir vermitteln würde, Du wärst ein materielles Wesen. Das ist genauso, dass in der Regel dann in Dir Appetit entsteht, wenn Du mit deinen Augen etwas siehst, was Dir gefällt, oder wenn Du mit deiner Nase etwas riechst. Eure Sinne sind darauf abgerichtet, indem Ihr sie nutzt, dass sie Euch sagen:

Du bist ein materielles Wesen. Eure Sinne sind das Mittel, um für Euch Polarität zu leben und zu erleben. Eure Sinne haben den Auftrag, Euch vorzuspielen, Ihr wärt in einer materiellen Welt. Die stärkste Funktion haben natürlich eure Augen. Alle Meister und Meisterinnen hatten dies erkannt. Deswegen sind alle Meditationsformen, die Ihr kennt, ausgerichtet auf dieses innere Wahrnehmen, indem die Augen geschlossen werden, doch Du verstehst nun mit deinem inneren Sein, warum dies von Bedeutung ist. Bisher konntest Du nicht so klar wahrnehmen, warum es so wichtig war, sich zu sammeln, nach innen zu gehen, wenn Du die Augen schließt. Nun verstehst Du, dass, solange Du eben nicht die Augen schließt, Du nicht in Dir sein kannst, und solange bekommst Du die Informationen von außen. Ich befinde mich in der materiellen Welt in einem materiellen Körper und ich bin selbst Materie. Solange Du diese Information bekommst, ist dein Denken ausgerichtet auf Materie und damit ist dein Fühlen ein materielles Fühlen und damit ist dein Handeln ausgerichtet auf Materie.

Nun wirst Du auch eins verstehen:

Warum ist eure Welt gerade jetzt, in dieser Zeit des Wandels und der Veränderung, so sehr daran interessiert, dass Ihr eure fünf Sinne benutzt? Wir können Euch Beispiele geben. Warum ist das, was Ihr eure technischen Errungenschaften nennt, mittlerweile das, was die meisten von Euch jeden Tag nutzen? Nun frage Dich, wenn Du die materiellen Errungenschaften, die technischen Errungenschaften dieser Welt benutzt, was brauchst Du dazu? Wie viele deiner fünf Sinne brauchst Du? Du wirst feststellen, in aller Regel sind es deine Augen. Gerade haben wir Dir gesagt, dass die Augen der stärkste Sinn sind, die Dich mit der Materie verbinden, die Dir ein Gefühl geben, ein materielles Wesen zu sein. Denn solange Du die Welt mit deinen materiellen Augen anschaust, nimmst Du Materie wahr, also bekommst Du durch das Licht, das von den Gegenständen in dein Auge zurückgeworfen wird, die Information von Materie, und das gibt Dir damit die Information:

Materie draußen – Materie bin ich. Aber jetzt geht Dir gerade ein Licht auf. Jetzt verstehst Du, dass es dieser Welt, in der Du gerade lebst, gelungen ist, selbst Dich zu fangen. Die meisten von Euch dachten, dass Spiritualität und Bewusstheit genügen, um zurückzukehren zu dem, was Ihr seid, doch jetzt gerade sagen WIR, eure Seelen, Euch dieses: Solange Du die materielle Welt über deine Sinne wahrnimmst als materielle Welt, je häufiger und länger Du dies tust, umso mehr hast Du das Gefühl, ein materielles Wesen zu sein, und ein materielles Wesen ist sehr beschränkt in seinen Fähigkeiten. Ihr entschuldigt, dass wir hier lächeln müssen. So sehr siehst Du, wie mächtig deine Gedanken sind, und doch bist Du permanent dabei, nicht dem Geist Aufmerksamkeit zu geben, sondern der Materie. Und dann wunderst Du Dich, warum dein Leben auf Materie ausgerichtet ist und nicht auf Geist. Diese Welt hat ein großes Interesse, gerade jemanden wie Dich möglichst lange in einem Zustand verweilen zu lassen, indem Du Dir selbst sagst, dass Du Materie bist, weil Du Dir über deine fünf Sinne selbst permanent diese Materie anschaust und Du damit permanent Informationen bekommst, dass das Materie ist und dass auch Du Materie bist.

Nun könntest Du Dich vielleicht fragen, wenn ich das nun wirklich weiß, was sollte ich dann tun? Und die Antwort ist einfach. Tue das, was Du jetzt gerade tust. Jetzt gerade, in deinem Jetzt-Zustand, sagst Du deinem inneren Wesen was? Deine Augen können keine direkten Informationen von Materie aufnehmen, denn sie sind ja geschlossen. Verstehst Du? Die Verbindung zur Materie ist jetzt gerade unterbrochen; es kommen keine Informationen aus der Materie direkt. Nimm deine anderen Sinne. Da deine Hände in deinem Schoß liegen und sich wenig bewegen, kannst Du über deinen Tastsinn wenige Informationen aufnehmen über die Materie. Dazu brauchst Du Tätigkeiten, wo Du deine Hände benutzt oder indem Du Dich bewegst. Somit ist jetzt auch diese Form der Wahrnehmung von Materie durch Bewegung oder Handeln in einem sehr großen Maße eingeschränkt. Was ist mit deinen Ohren? Außer diesen Worten, die Du jetzt gerade wahrnimmst, bekommst Du wenige Informationen von der materiellen Welt. Da es gerade relativ ruhig ist, ganz im Gegenteil, dein inneres Wesen hat seine Lauscher aufgestellt und hört genau hin, was hier vermittelt wird. Somit ist dein Hören sehr stark nach innen gerichtet. Deine Augen sind nach innen gerichtet, dein Geruchssinn und dein Geschmackssinn können Dir momentan wenige Informationen geben, da Du weder Essen noch Flüssigkeiten zu Dir nimmst und auch keine besonderen Gerüche auf Dich einströmen. Und nun etwas Entscheidendes:

Der Schlüssel, um nun das Wesen wahrzunehmen, das Du bist, liegt direkt in Dir. Es ist das, was Dich die gesamte Zeit am Leben erhält, Du in der Regel aber nicht wahrnimmst, außer wenn Du Dich erhitzt oder aufregst oder zu schnell gehst und außer Atem kommst. Ein interessantes Wort, eine interessante Wortzusammenstellung: außer Atem kommen! Du kennst sicher den Gefühlszustand oder auch den körperlichen Zustand, in dem Du warst, wenn Du außer Atem geraten warst. Dann waren die Eindrücke der Welt relativ zurückgedrängt, weil das Außer-Atem-Sein fast deine gesamte Aufmerksamkeit auf sich gezogen hat. Und nun kommt ein weiterer Aspekt, den Du auch kennst. Wenn es hieß, dass Du außer Atem warst oder aufgeregt, hieß es immer tief durchatmen. Auch das kennst Du. Denn was geschieht, wenn Du es jetzt gerade vielleicht tust, indem Du tief durchatmest? Du wirst eines feststellen, je tiefer Du Dir erlaubst zu atmen, je ruhiger dein Atem ist, umso gleichmäßiger und ruhiger werden deine Gedanken. **Atem und Gedankenhäufigkeit hängen zusammen.** Jetzt bist Du einer großen Weisheit sehr nahe gekommen, ja, wir könnten sagen, jetzt hast Du sogar den Schlüssel in deiner Hand. **Dein Atem ist der Schlüssel für dein weiteres Leben.** Lernst Du, tief und ruhig zu atmen, lernst Du die Augen zu schließen, geschieht das, was jetzt das Ziel für Dich sein sollte, dass das materielle Wesen sich wieder daran erinnert, dass es ja gar kein materielles Wesen ist. Und nirgends kannst Du es so deutlich wahrnehmen wie jetzt gerade in diesem Sein, indem Du unsere Stimme in Dir hörst und unsere Energie ja bereits jetzt permanent von deiner Aura aufgenommen wird.

Das ist das große Geschenk, wenn Du bereit bist, solche Worte in Dich aufzunehmen. Dann sind wir in der Lage, über diesen Körper, durch den wir jetzt gerade diese Worte übermitteln können, der bereits eine so hohe Schwingungsfrequenz angenommen hat, permanent höchste Energien in deinen Körper hinein zu transformieren. Das ist der wahre Grund, warum wir hier zusammenkommen, nicht alleine die Worte, die hier geschrieben stehen, es sind die Frequenzen. Dadurch dass dein Körper jetzt gerade diese höchsten Frequenzen aufnimmt, verändert sich deine molekulare Struktur. Du kannst es jetzt gerade deutlich spüren. Sollte es Dir gerade sehr heiß werden, dann verstehst Du, was wir meinen. Mit jedem weiteren Wort, das wir nun durch diesen Körper übermitteln, verändert sich die molekulare Struktur deines Körpers. Dies ist vereinbart mit Dir, wenn die Zeit für Dich reif ist. Es ist nichts anderes als der Weckruf in Dir, denn deine Körpermoleküle und -atome warten auf genau dieses. Nun weißt Du, was dieses Gefühl in Dir war, Du hast immer auf etwas gewartet, konntest es nie richtig festmachen. Du dachtest lange, es muss irgendetwas in meinem Leben dort draußen passieren. Und jetzt gerade verstehst Du:

Es geschieht nichts dort draußen, nein, es geschieht dort, wo das wahre Wesen ist, das Du bist. Nun überprüfe, was mit Dir passiert ist.

Fühle, dadurch dass Du jetzt bereits so lange diesen Worten folgst und damit die Energien aufnimmst, dadurch dass Du deine Augen geschlossen hast, dadurch dass Du alle deine materiellen Sinne, die Dir sonst sagen, Du bist Materie, zurückgenommen hast, dadurch dass Du jetzt über eine so lange Zeit bereits diese Informationen eingestellt hast, geschieht das, was jetzt geschehen soll. Fühlst Du, dass gerade jetzt etwas passiert? *(Diese wundervolle Übung gibt es als CD unter www.michael-amira.de zu bestellen.)* Es geschieht etwas in Dir. Du siehst jetzt förmlich mit deinen inneren Augen, dass Du gar nicht dieser Körper bist, denn jetzt bist Du aus deinem Körper herausgegangen, automatisch, denn das hast Du lange geübt in vielen Inkarnationen, es war Teil deiner Ausbildung in Atlantis und in anderen Zeiten. Jetzt befindest Du Dich außerhalb deines Körpers zuerst in deinem ätherischen Körper. Du nimmst es ganz deutlich wahr, dass sich hier ein anderer Körper befindet, den Du bisher gar nicht wahrgenommen hattest. Er hat ungefähr den Umfang von einer Handbreite, wenn Du deine Hand ausstrecken würdest, oder etwas mehr, einen halben bis einen Meter. Manche von Euch haben einen etwas größeren ätherischen Körper. Du kannst ihn sehr deutlich wahrnehmen. Nimm dein inneres Sehen und geh einmal um Dich herum und nimm diesen ätherischen Körper um Dich wahr. Er ist nach oben wie etwas verjüngt, wie eine große Blumenvase ihren Hals verjüngt, und ist nach oben offen. Alles, was Du jetzt gerade liest, kannst Du sofort selbst wahrnehmen, denn dein Verstand funktioniert jetzt nicht mehr wie vorher. Du hast ihm ja die Zugangsmöglichkeiten weggenommen, weil Du deine Augen geschlossen hast, so einfach. Du wirst jetzt feststellen, da Du ja teilweise geübt bist in Meditation, dass Du das trotzdem so noch nie in der Meditation erlebt hast. Es ist etwas gravierend anders, ja, es ist die Energie all derer, die jetzt hier sind. Eure Energien haben sich nun auf dramatische Weise bereits vermischt. Und nun etwas Entscheidendes. Bewahre dies in deinem Bewusstsein, in deinem Herzen: Immer das höchste Schwingungslevel bestimmt alle anderen. Kommen ein oder mehrere höhere Schwingungslevel mit niederen Schwingungsleveln zusammen, passiert immer das gleiche. Das niedere passt sich dem höher Schwingenden an. Höre dies und nimm es auf. Das Höhere wird immer das Niedere in seiner Schwingung anheben. Warum es Dir gerade jetzt so leicht ist, das wahrzunehmen, was Du jetzt gerade wahrnimmst, ist, weil sich dein Schwingungslevel gerade drastisch erhöht hat.

Das, was Du gerade jetzt erlebst, ist von entscheidender Bedeutung, wurde es Dir nicht von einem der größten Lehrer vermittelt, als er dir sagte:

Wenn zwei oder drei von Euch zusammenkommen in meinem Namen, werde ich selbst mitten unter Euch sein. Das ist das, was Du gerade selbst erlebst, erfühlst. Nun kehre wieder zurück mit deiner Aufmerksamkeit in deinen ätherischen Körper, fühle noch einmal um Dich herum den ätherischen Körper.

Doch nun gilt es, weiterzugehen, noch mehr wahrzunehmen, wer Du bist, denn Du bist nicht nur dieser ätherische Körper, der Dich umgibt. Du kannst jetzt nicht mal mehr wirklich deinen materiellen Körper wahrnehmen. Du weißt momentan gar nicht so richtig, wo dieser Körper denn eigentlich ist. Das ist das, was wir Euch doch gesagt haben. Jetzt bekommt dein inneres Wesen nicht mehr die Information von außen, Du wärst ein materielles Wesen. Du hast diese Verbindung einfach eingestellt. So sind die neuen Informationen die, dass Du ein wahres geistiges Wesen bist. Was würde passieren, wenn Du Dich öfter in diesen Zustand versetzen würdest? Wenn Dir weniger die Information gegeben würde, ein materielles Wesen zu sein und Dir stattdessen öfter die Information gegeben würde, ein geistiges Wesen zu sein. Kannst Du Dir in etwa vorstellen, was das in Dir auslöst und was das mit deinem Sein und mit deinem Glaubenssatzsystem macht? Wenn die Welt Dir permanent über deine Sinne sagt:

Ich bin ein materielles Wesen, sagt dies deinen Glaubenssätzen, da ich ein materielles Wesen bin, erfahre ich eine Welt der Materie. In einer Welt der Materie herrschen materielle Gesetze, und die Erfahrungen, die ich mache, sind materielle Erfahrungen. Was geschieht, wenn deine inneren Sinne Dir sagen:

Ich bin ein geistiges Wesen und dieses geistige Wesen unterliegt den Gesetzen des Geistigen. Diese geistigen Gesetze wirken, und ich lebe in einer Welt des Geistigen und erfahre die Erfahrungen des Geistigen, in dem alles möglich ist. Und wieder geht Dir ein Licht auf. Ja, wenn ich möchte, dass ich die Erfahrung dessen mache, was ich mir so sehr wünsche, wird das solange nicht funktionieren, solange ich mir über meine fünf Sinne Informationen geben lasse, die da sagen: **Materie.** Das bedeutet, wenn Du möchtest, dass sich das erfüllt, was Du Dir so sehr wünschst, musst Du Dir selbst und deinem System Gelegenheit geben, Dir Impulse und Informationen zu vermitteln, dass Du ein geistiges Wesen bist, und für Dich zählen geistige Gesetzmäßigkeiten, nur für den materiellen Menschen zählen materielle Gesetzmäßigkeiten. Für das geistige Wesen zählen geistige Gesetzmäßigkeiten, und dort gibt es z. B. keine Grenzen, keine Zeit, keine Vergangenheit, keine Zukunft, nur Gegenwart, nur Jetzt-Sein. Noch niemals bisher in der Zeit ist es einer solch großen Gruppe von Menschen gleichzeitig bewusst geworden, was es wahrlich bedeutet, die geistigen Gesetze zu kennen und von ihnen beeinflusst zu sein. Das, was gerade geschieht, bedeutet kollektiv für diese Welt eine große Veränderung.

Und nun kannst Du es verstärken, indem Du nicht nur wahrnimmst, wer Du bist, sondern indem Du einen Schritt weitergehst, indem Du nun aussprichst, wer und was Du bist; deine eigene Wahrheit, die Du jetzt wahrnimmst, nicht nur wahrzunehmen, sondern sie auch vor Dir selbst zu bestätigen. In deiner Sprache liegt höchste Schöpferkraft. Am Anfang war das Wort, und das Wort war bei Gott. Doch wie Du weißt, bist Du selbst das Göttliche, Gott, also ist auch das Wort bei Dir. Nutzt Du dieses Wort, wirst Du selbst wieder zum Schöpfer und zur Schöpferin, indem das Wort, das

Du aussprichst, zur Manifestation wird. Wieder wirst Du verstehen, warum der Meisterlehrer gesagt hat, nicht, was hineingeht durch diesen Mund, kann diesen Körper, dieses Sein, dieses Wesen verschmutzen, vielmehr das, was aus diesem Munde herauskommt, wird Dich selbst verherrlichen oder Dir selbst Schaden zufügen.

Und nun würde ich gerne an dieser Stelle, nachdem die Seelen Dich mit ihrer Energie vorbereitet haben, übernehmen. Ich möchte Dich nun in die eigene Wahrheit führen und Dir selbst die Gelegenheit geben, in deine eigene Kraft und Stärke zu kommen. Wie Du bereits fühlen kannst, bin ich Dir sehr bekannt, denn die Energie, die Du jetzt wahrnimmst, ist die Energie des Christusbewusstseins. Ich selbst war der erste Vertreter und Lehrer dieses Bewusstseins. Gerne sage ich Dir auch meinen Namen. Ich bin Yeshua. Du bist mir gefolgt. Du selbst hast das Christusbewusstsein in Dich aufgenommen. Und weil Du mir und damit meiner Lehre gefolgt bist, wurdest Du selbst, so wie ich, zum Christus. Auch dies hast Du die letzten Inkarnationen bewusst immer wieder vergessen, so wie auch jetzt. Doch dadurch, dass Du gerade diese Worte in Dich aufnimmst, bestätigt es Dir, dass Du nun wieder reif bist zu erkennen, was Du bist und was Du in Dir trägst. Und nun bitte ich Dich, dass Du nun wieder sagst, wer Du bist und was Du bist. So sage mit deiner ganzen Kraft und Stärke, die in deiner Stimme ist: ICH BIN DAS ICH BIN. JETZT.

Nun fühle, was geschieht, wenn Du bereit bist, diese höchste Wahrheit über dein eigenes Sein sogar auszusprechen. Und nun geh einen Schritt weiter und sage, damit Du es selbst weißt: GOTT IN ALLEM. GOTT ICH BIN. JETZT.

Und nun fühlst Du, wie Trillionen von Molekülen und Atomen förmlich in einen Freudentanz ausbrechen, denn die Moleküle und Atome deines Körpers wissen schon längst, dass sie göttlich sind. Sie wissen, dass Du göttlich bist. Und sie wissen, dass Du Dich gerade wieder daran erinnerst, dass Du göttlich bist. Und deswegen tanzen sie in Dir. Das ist das Gefühl der Freude, das Du jetzt gerade in Dir empfindest, so dass Du beinahe das Gefühl hast, aufspringen zu müssen und selbst wieder zu hüpfen und zu springen wie ein Kind. Dies ist die größte Wahrheit, die es zu erkennen und dann weiterzugeben gilt, dass Du selbst das Göttliche bist. Habe ich nicht immer wieder gesagt:

Das Himmelreich des Göttlichen ist inwendig in Dir, in mir, in uns. Wurde Dir nicht gesagt, dass das Göttliche Dich nach seinem Ebenbild erschaffen hat? Nun gilt es, dies als letzte große Aufgabe in deinem Leben zu verwirklichen, zu akzeptieren, dass Du selbst Gott bist, selbst das Göttliche bist, um damit alle Schuld, alle Ohnmacht, alle Machtlosigkeit, alle Vorurteile ein für alle Mal fallen zu lassen. Denn das Göttliche selbst ist Vollkommenheit, und so bist Du, da Du das Göttliche bist, selbst Vollkommenheit. Atme tief ein und sei vollkommen. Habe ich nicht auch gesagt:

Werdet vollkommen wie der Vater im Himmel, wie die Mutter im Himmlischen, wie das Göttliche selbst.

Hast nicht gerade Du mich gefragt:

Herr, wann wird der Tag kommen, da dies alles geschehen wird? Und ich habe gesagt, bald. Und ich habe auch gesagt, noch ist die Zeit nicht reif, aber sie wird reif werden. Achtet auf die Zeichen. Und ich habe Dich gebeten zu bleiben, wenn ich gehe. Und Du hast aus Liebe zu dieser Welt gesagt: Ja, ich bleibe. Und Inkarnation für Inkarnation bist Du geblieben, in den letzten Jahrhunderten immer wieder zurückgekehrt, weil Du wusstest, dass es für die Menschheit und für Mutter Erde sehr schwierig werden wird in diesen Zeiten. Und Du wusstest, dass sie deine Hilfe brauchen, dein An-die-Hand-Nehmen. Und wir haben es schon einmal gesagt, und ich habe es Euch schon einmal übermittelt. Nun tue es noch einmal, damit Du erkennst, wie wichtig dies ist. Noch niemals gleichzeitig waren so viele Hüter und Hüterinnen von Mutter Erde, An kana Te, hier zusammen. Und noch niemals gleichzeitig standen so viele Seelenwesen an dem Schritt, dass sie nun hinüberwechseln können, noch während sie sich in ihrer Inkarnationszeit, in ihrem Inkarnationskörper befinden und den Zustand einnehmen, den Ihr nennt:

Alte oder reife Seelen. Eine unendlich große Anzahl von Menschenwesen steht kurz davor, in der Jetzt-Inkarnation in diesen reifen oder alten Seelenzustand einzutreten. Doch dazu brauchen sie eine Anleitung. Sie brauchen Wissen und noch besser Wahrheit. Und nun wirst Du wieder verstehen, warum so viele An kana Te, Hüter und Hüterinnen von Mutter Erde, jetzt hier sind. Weil Ihr die Lehrer und Lehrerinnen für sie seid. Wer sonst soll ihnen erklären, wie diese Welt wirklich funktioniert, wenn nicht Du? Und nun verstehst Du, warum ich Dir sage, lege die falsche Bescheidenheit ab und stehe endlich auf und zeige, wer Du bist, denn die Wahrheit ist sehr tief in Dir verwurzelt. Denn lange hast Du Dich selbst ausgebildet in unendlicher Zeit, und so sind die Wahrheit und die Liebe in Dir, doch jetzt brauchst Du den Mut, diese Wahrheit und die Liebe, die in Dir sind, zu teilen. Und dazu solltest Du wissen:

Die Welt, wie Du sie heute kennst, ist nicht wie die Welt vor 10, 15 oder 20 Erdenjahren. Die Menschheit hat sich auf eine drastische Art und Weise verwandelt, weil so viele der Seelenwesen an der Schwelle stehen, in ein sinnvolles Leben zu gehen, weil sie jetzt durch die Schwelle, die sie überschreiten können, in den Zustand der reifen oder alten Seele gelangen können. Dies ist eine große Gnade. Und dies wird diese Welt so sehr in ihrer Energie erhöhen, dass dann nur noch Liebe und Harmonie möglich sind.

So bitte ich Dich, wie ich Dich schon einmal gebeten habe, mein Bruder, meine Schwester, lasse dein Licht leuchten vor den Menschen. Gehe hin zu ihnen und sage ihnen, wer Du bist, was Du bist und lass sie an deiner Weisheit und Wahrheit Teil haben. Bringe die Wahrheit und die Liebe unter die Menschen, denn sie sind bereit. Dies ist meine Bitte an dich, und dafür bin ich heute hierhergekommen. Dafür bin ich heute hier. Das habe ich versprochen, wenn die Zeit reif ist, werde ich wieder mitten unter Euch sein. Ich werde bei Dir sein. Ich habe versprochen, dann werde ich bleiben. Ich werde dann nicht mehr gehen. Und dies Versprechen erfülle ich jetzt. Wenn Du mir erlaubst, würde ich jetzt gerne wieder meinen Platz einnehmen, denn es gibt nur einen Platz, wo ich hingehöre:

Es ist der Thron, der sich in deinem Herzen befindet. Wenn Du erlaubst, würde ich jetzt gerne diesen Thron wieder besteigen. Es genügt ein einfaches Ja. Dann geh ich dorthin, wo ich hingehöre – in dein Herz – und setze mich nieder bei Dir. Nun fühlst Du mich selbst in Dir.

Und nun sage die letzte große Wahrheit, die da ist:

ICH BIN CHRISTUS. JETZT.

Du hättest alles erwartet, aber nicht das. Doch nun fühlst Du, dass alles gut ist. Du hast es immer gefühlt, dass das die Wahrheit ist, immer. Ihr seid die Heiler und Heilerinnen dieser Welt. Ihr seid die spirituellen Führer und Führerinnen dieser Welt. Ihr seid die Lehrer und Lehrerinnen dieser neuen Welt. Das ist die Wahrheit und die Wahrheit bist Du. So sei es. Esch nom de vei kata.

Solltest Du nur ein einziges Gefühl in Dir fühlen, dann geht dies nur unter einer Bedingung, dies ist die Sprache der Engel, der Elohim – und nur ein Engel kann diese Sprache erkennen. Dies ist die Wahrheit. Löst diese Sprache etwas in Dir aus, dann weißt Du, wer Du bist.

Sei gesegnet im Licht und in der Liebe. Bis bald."

Was wünschst Du Dir wirklich?

„Vieles kommt gerade jetzt in dein Leben, und gar vieles verlässt dein Leben. Dies alles hat seine Gültigkeit, und für Dich heißt es, behalte diese deine Gleichgültigkeit, denn da ist mehr Dir Gefallendes, was bleibt und kommt. So sei Dir bewusst über den tiefen Sinn all dessen und hebe wieder dein Denken auf das für Dich Größtmögliche. Du kannst sehr viel

Kraft und Energie in all dies hineingeben, gerade dann, wenn Du Dich auf das wirklich von Dir Gewünschte ausrichtest. Doch deine Planung muss dem Gewünschten entsprechen. Du weißt, wie wichtig es ist, Dich wieder daran zu erinnern, wer Du bist, besser, was Du bist. Dein so hoher Reifegrad ermöglicht gerade jetzt Wunder, die zuerst für Dich selbst zu erbringen sind. Immer wieder heißt es, sich auszurichten auf die eigene Lebensvision, und in ihrem Rahmen ist alles Gewünschte möglich. So frage Dich immer wieder:

Was und vor allem, wie wünschst Du es Dir? Je klarer Du Dir bist, was dies deine, dies für Dich zu Erfahrende ist, umso mehr wächst die dafür benötigte Realisierungsenergie. Amrides, geistiger Führer."

(*Ich habe mich natürlich nach diesen Worten von Amrides, meinem geistigen Führer, sofort wieder hingesetzt und genau das aufgeschrieben, was ich mir von ganzem Herzen wünsche, um dies, da es schriftlich niedergeschrieben ist, mir immer wieder ins Bewusstsein zu rufen, es mir immer wieder anzuschauen, es durchzulesen, immer wieder Kraft in diese Wünsche hineinzugeben. Ich würde auch Dir, der Du jetzt gerade diese Worte liest, empfehlen, vielleicht kurz innezuhalten und ein Blatt Papier oder dein Tagebuch zu nehmen und Dich zu fragen:*

Was wünsche ich mir von ganzem Herzen in meinem Leben?
Was ist meine größte Lebensvision, die ich erfüllen möchte?
Was liegt mir besonders am Herzen?

Schreibe Dir diese Punkte von der Seele, lege deine ganze Kraft hinein. Und immer wieder, wenn Du ein gutes Gefühl hast, schau es Dir noch einmal an, lies es noch einmal durch, erfülle Dich noch einmal und stell Dir vor, dass das Gewünschte bereits verwirklicht ist. Und dann fühl Dich, wie Du Dich fühlst, wenn es bereits verwirklicht ist, wenn Du es erreicht hast, wenn Du es in Händen hast, wenn Du es erlebst. Das Gefühl ‚als ob' bringt die Erfüllung, bringt Kraft in deine Wünsche.
Von Herzen, ich, Michael Elrahim Amira, für Dich, der gerade diese Worte liest.]

Die Öffnung deiner Gefühlssynapsen

„Natürlich haben wir wahrhaft diese Worte für Dich, da es von grundlegender Bedeutung ist, dass gerade Du und Ihr alle versteht, denn dieses Verstehen wird zum Verstehen von Euch allen. Doch zuerst verzeiht UNS, dass wir so lange geschwiegen haben, ja schweigen mussten, damit Du, Ihr alle zuerst durch all diese Gefühle hindurchgehen konntet, denn nur dies selbst Erlebte, selbst Erfahrene hat Bedeutung, wie Ihr ja bereits wisst. So nimm nun unsere Erklärung zu deinem und euer allem Verständnis:

All dies Erlebte, gerade wenn tiefes Fühlen stattfindet, öffnet in Euch sogenannte Gefühlssynapsen. Es sind Tore in die geistige Welt, denn nur die tief erfahrenen Gefühle sind in der Lage, diese Kanäle zu öffnen, weil sie so gesehen einmalig sind. Denn jeder dieser geöffneten Kanäle erzeugt einen Sog, bei dem tief Materielles hinübergezogen wird in das

Geistige. Doch welchem Zweck dient dies? Und welchen Nutzen erbringt es für Euch? Der Zweck liegt auf der Hand:

Transformation von Materie in Geistiges. Der Nutzen, der sich daraus für Euch ergibt, ist zuerst einmal nicht sofort ersichtlich, ist der Nutzen doch das Vermehren, besser das Zurückverwandeln von Materie in Geist. Zu eurem weiteren Verständnis zu all dem bisher in eurem Leben Erfahrenen. Es gab nur diesen einen Weg, keinen anderen. WIR beschritten ihn mit deiner vorgeburtlichen Erlaubnis, die Du uns in deinem nächtlichen Heimkehren immer wieder bestätigt hast. Niemals würden wir hier gegen deinen freien Willen verstoßen, niemals. Doch dein Einverständnis liegt und lag immer vor, auch wenn dein Tagesbewusstsein davon nichts weiß. Dein MEHR hat stets die Erlaubnis erteilt."

Freiheit für die gesamte Menschheit

„Ausgebildet ist dein innerer Wesenskern so vollkommen, da ist nur noch Raum für Lösungen. Gerade jetzt soll ich Euch dies Folgende übermitteln:

Wann immer Du, wann immer Ihr ab heute an die Fülle in eurem Leben denkt, sie visualisiert, ist sie dein, ist sie euer! All das notwendig ablaufende Geschehen, das tief sinnvoll für eure Entwicklung war, ist alles erfüllt und bedarf nun des Abschlusses. Genau so ist, wie Du selbst es ja deutlich erkannt hast, dein und euer Wirken möglich. So freu Dich auf das Neue. Beschleunige es dadurch, dass Du Dir jetzt selbst in allem sehr treu bist. Keine Kompromisse, kein Handeln aus Angst oder sonstigen materiellen Erwägungen, sondern nur gemäß der jeweiligen Aufgabe. Habe gerade jetzt das Ziel, die Vision klar vor Augen, **ja, es geht um die Erlangung der Freiheit für die gesamte Menschheit**. Sie ist erst jetzt so möglich, und große Opfer mussten dafür schon erbracht werden, doch jetzt ist die Zeit reif dafür. Es gibt hierbei für Dich und Euch alle nur eines zu beachten, dies ist jeweils der eigene Weg, denn dieser steigt mit zunehmender Freiheit, was bei Euch viel mit der jeweiligen Lebenssituation zu tun hat. Diese jeweilige Lebenssituation ist immer eine gewählte Situation und dieses prägt Dich. Das bedeutet, zu Dir selbst zu stehen, das heißt, Dich selbst in deinem SEIN, in deinem so SEIN, anzunehmen. Gerade diese deine Selbstannahme gibt Dir große Stärke. Vergiss vor allem alle Kritiker oder Neider, lebe dein Leben und nicht das ihre. Dies ist von ausschlaggebender Bedeutung, denn nur diese deine Annahme bringt den Durchbruch für Dich und gibt Dir die benötigte Freude. Die innere charakterliche Struktur deines Wesens ist wohl gewählt, tief sinnvoll und somit die Lösung. Alle eure Disziplinen der Charakterbestimmung machen hierbei viel Sinn und helfen, das Vorhandene zu erkennen, **damit es dann angenommen werden kann**. Ich sage Dir dies gerade jetzt, da nur **diese Annahme Dir dein so hoher Bewusstseinsgrad die Wahl der gedanklichen Ausrichtung bedingt**, das Vorhandene, sobald es erkannt ist, zu nutzen und anzunehmen. Das macht doch Sinn? **Gerade weil es ja vorhanden ist**, erbringt dies den letzten Schlüssel, der so vollkommen in das Schloss der eigenen Vollkommenheit passt. So geh wieder einmal

Du, geht Ihr ihnen voran, zeigt, lehrt, was es hier noch braucht, damit es nun alle wissen.

Amrides, geistiger Führer und Freund."

Die Macht des ausgesprochenen Wortes – Worte Yeshuas

„Wir haben Euch gesagt, ruft uns, wenn die Zeit reif ist. Wir haben Euch gesagt, bittet, dann wird Euch sofort gegeben. Klopft an und Ihr werdet eine offene Tür finden. Fragt und es wird Euch geantwortet. Und heute hat er, durch den wir sprechen, darum gebeten, dass wir hier sind, für Euch wahrnehmbar im Fühlen, und so haben wir bereits diesen Raum betreten. Wir sind die Euch umgebende und durchdringende geistige Welt, wir sind deine Heimat. Wir sind der Ort, aus dem Du selbst hinausgegangen bist, weil Du selbst es wolltest. Wir sind das, was Du in Dir fühlst, wenn Du Tränen vergießt, weil Dich Heimweh überkommt. Wir sind Du und Du bist wir. Und gerade jetzt sind wir für Dich wahrnehmbar, deine geistigen Führer, wir, die wir uns selbst in vielen Inkarnationen entwickelt haben bis zu einem Punkt, wo wir frei waren, uns zu inkarnieren. Wir sind geistige Führer, die bei Dir sind, um Dich gerade jetzt in dieser Zeit zu führen und zu leiten, Dir beizustehen mit unserem Talent, mit unseren Gaben und Fähigkeiten, um die deinen zu verstärken und noch mehr zur Entfaltung zu bringen. Wir, deine geistigen Führer, sind jetzt um Dich. Und wenn Du erlaubst, legen wir jetzt unsere Hände auf deine Schultern und deine Arme.

Wir nehmen Platz neben Dir. Du fühlst, dass wir gute Freunde sind, dass wir uns kennen aus vielen Inkarnationen, die wir zusammen verbracht haben. Ja, wir waren zusammen in Atlantis, Du und ich, als Priester und Priesterinnen. Eine lange Zeit von Inkarnationen verbindet uns, und es erfüllt uns mit großer Freude und Dankbarkeit, dass wir gerade jetzt in dieser Zeit an deiner Seite sein und wirken dürfen. Ab heute hast Du die Möglichkeit, dieses unser Wirken für Dich in enormer Weise zu verstärken, indem Du jetzt gerade dein gesamtes energetisches System auf Fühlen einstellst, indem Du jetzt einfach deinen Kopf verlässt und in dein Herz gehst und aus deinem Herzen hinein in dein Fühlen. Und jetzt fühlst Du ganz deutlich, ganz klar, wie wir die Hände auflegen dort, wo bei Dir z. B. dein Hals ist, der momentan gerade so viel Wahrheit aussprechen möchte. Wusstet Ihr, dass immer dann, gerade dann, wenn Ihr eigentlich still sein wollt und nach innen lauschen wollt, Ihr anfangen müsst zu husten, Ihr in Wirklichkeit in eurem Halschakra die Wahrheit fühlt, die schon lange in Euch ausgesprochen werden möchte, aber Ihr sie unterdrückt? Jetzt gerade fühlst Du uns. Wir sind Dir ganz nahe. Wir kommen nun zu Dir und nehmen Dich in den Arm. Du fühlst unsere Energie, und Du kennst sie, fast, als ob ein alter Freund Dich umarmt, das sind wir. Wir sind dein Gefolge, wir sind deine wahre Familie. Du und wir sind eins seit unendlicher Zeit. Heute würdet Ihr in eurer modernen Sprache sagen: Wir sind ein Team. Und wenn Du möchtest, kannst Du heute unsere Wirkfähigkeit für Dich auf enorme Weise verstärken. Es geht durch einen einfachen Bewusstseinsakt und gleichzeitig durch einen Akt der Bejahung und Bestätigung. Wie es in eurem materiellen Leben sehr oft der Fall ist, dass Ihr, wenn Ihr gefragt werdet, dann bestätigt, dass Ihr das seid:

Ja, ich bin das. Ja, ich habe den Tisch reserviert. Ja, das ist mein Name, das bin ich. So ist das Aussprechen von Wahrheit, den Mut zu haben, deine Wahrheit auszusprechen, von enormer Bedeutung, gerade dann, wenn Dich Menschen umgeben, die hören können, was Du sagst. Weißt Du, etwas nur zu denken, für Dich zu behalten, bleibt auf der energetischen Ebene des Geistes. Sprichst Du aber eine Wahrheit, die in Dir ist, aus und können Andere diese Wahrheit hören, potenziert sich diese ausgesprochene Wahrheit in der Fähigkeit, sich zu materialisieren in dem Maße, wie viele diese, deine ausgesprochene Wahrheit in dem Moment wahrnehmen oder hören können. Dies bedeutet, je mehr Menschen hören, was Du sagst, je mehr Menschen von Dir wahrnehmen können, was Du in deinem Innersten wirklich über Dich und diese Welt glaubst, umso stärker und machtvoller ist diese ausgesprochene Wahrheit über Dich, besser über dein Selbst. Alle Initiationen, alle Einweihungen in allen Menschheitskulturen mussten laut vor der Gruppe, vor dem Stamm, vor der ganzen Familie ausgesprochen werden. Warum legen so viele von Euch so großen Wert darauf, wenn sie sich das Ja-Wort geben, dass das möglichst an einem Ort geschieht, wo viele hören können, dass sie Ja sagen. Es würde doch genügen, wenn Ihr dieses Ja-Wort nur dem einen Menschen gebt, mit dem Ihr in Zukunft euer Leben verbringen wollt. Nein, Ihr tut es in aller Regel vor vielen Zeugen. Ihr habt Euch sogar ein Wort kreiert. Ihr nennt sie

Trau-Zeugen. Ist Euch jemals aufgefallen, worum es hier wirklich geht? Eure Trau-Zeugen können bezeugen, dass Ihr beide Ja gesagt habt. Eure Trau-Zeugen können bezeugen, dass Ihr Euch getraut habt, denn daher kommt das Wort *sich trauen*. Und in dieser Zeremonie war es schon immer von Bedeutung auszusprechen, dass Ihr wollt, indem Ihr sagt:

Ja, ich will. An diesem einfachen Beispiel wollen wir Euch verdeutlichen, wie wichtig es ist, gerade in gravierenden Lebensumständen und solchen, die eine große Bedeutung für euer weiteres Leben haben, dass Ihr den Mut habt, dies Neue, diesen neuen Lebensabschnitt, dieses neue Sein, das, was in dem Augenblick in eurem Leben sein und stattfinden soll, dass Ihr das bejaht und dass Ihr es nicht nur denkt, denkend bejaht, sondern dass Ihr den Mut habt, es vor Zeugen auszusprechen. Heute an diesem Abend ist eine große Anzahl von Zeugen zusammen gekommen. Sie alle werden heute für Dich bezeugen, was Du sagst, wenn Du den Mut hast, es vor ihnen zu sagen. Ihr werdet heute sogar füreinander Zeugen sein, Zeugen für die Wahrheit."

[*Auch Du, der Du diese Worte gerade liest, bist nun mitten unter uns. Du in unserer Zukunft und wir in deiner Vergangenheit, doch hier in der Dimension der 5 gibt es keine Zeit, und so sind wir jetzt gerade zusammen. Du kannst es jetzt gerade mit uns zusammen laut aussprechen, wenn Du es möchtest.*]

„Das oder die ausgesprochenen Worte dessen, wer und was Du bist, sind eine der machtvollsten Möglichkeiten zu verändern. Könnt Ihr Euch daran erinnern, dass ich Euch dies immer vorgelebt habe? Ich habe genau das, was Euch jetzt gerade gesagt wurde, selbst in meinem Leben gelebt vor Euch als meinen Zeugen. Erinnerst Du Dich, als ich gesagt habe, ICH und das Göttliche in mir sind wieder eins? ICH und der Vater in mir, ICH und die Mutter in mir sind wieder all-eins. Ich habe dies vor Euch als meinen Zeugen gesagt, denn ich wusste, wenn ich es vor Euch als meinen Zeugen ausspreche, wird es mich direkt in diese Wahrheit selbst hineingeben. Kannst Du Dich erinnern, dass ich vor Euch und vor vielen gesagt habe, ich bin gekommen, um Zeugnis abzulegen von der Wahrheit, denn ich selbst bin die Wahrheit? Kannst Du Dich noch erinnern, dass je länger wir unterwegs waren, es immer mehr Menschen geworden sind, die hören wollten, was ich ausspreche an Wahrheit? Sie wussten, wenn sie es hören von mir, wird es zu ihrer eigenen Wahrheit. Sie fühlten, dass es für sie genügen würde, ein einziges Mal in meiner Nähe zu sein oder die Worte der Wahrheit aus meinem Munde zu hören. Viele hätten sich niemals träumen lassen, dass sie sogar Gelegenheit bekommen hätten, in meine Augen zu schauen. Und das hatte sie verändert. Es hatte alle ihre weiteren Leben verändert. Eure Augen, deine Augen haben eine große Macht. Wenn Du selbst in der Wahrheit lebst und selbst die Liebe bist, fließt diese Energie aus deinen Augen. **Und jeden Menschen, den Du mit diesen Augen der Liebe und Wahrheit anschaust, bringst Du damit selbst in die Liebe und die Wahrheit.** Dafür sind viele, viele Tage vergangen, nur um in der Nähe der Wahrheit zu sein oder ein einziges Mal der Wahrheit in die Augen zu schauen, **um dann für diese und alle weiteren Inkarnationen in der Wahrheit zu bleiben und zu sein.**

Wisst Ihr, dass heute auf dieser Welt Millionen von Menschen leben, die alle die Meinen sind? Denn wenn ein Wesen sich mit einem Wesen vereinigt, bei dem beide Wesen in der Wahrheit und in der Liebe sind, wird diese Fähigkeit und Eigenschaft über die Schwingung des Blutes an dieses Wesen weitergegeben. Das, was ich Euch heute hier sage, wurde noch niemals so gesagt, denn es kann erst jetzt so gesagt werden. Eure Kinder, die Ihr in dieser und anderen Inkarnationen gezeugt habt mit den Partnern, Männern und Frauen an eurer Seite, die selbst in der Liebe und Wahrheit sind, sind heilige Kinder, denn sie sind alle die Meinen, und meine Kinder sind Kinder der Liebe. Jetzt verstehst Du, warum ich gesagt habe:

Lasst die Kinder zu mir kommen. Dieser Satz hat nicht alleine für die damalige Zeit gegolten. Dieser Satz, das wusste ich, wird über Jahrtausende hinweggehen. Mit meiner Frau Maria von Magdala habe ich selbst Kinder gezeugt, Kinder reinen Blutes, erfüllt mit Liebe und Wahrheit. Ich habe niemals Ehen gegründet, wie sie heute gegründet werden. Der Grund meiner Ehen war, dass ein Wesen, das in der Selbstliebe ist, sich vereint mit einem Wesen, das auch in der Selbstliebe ist, um dann Wesen zu schöpfen, die ebenfalls in der Selbstliebe sind. Seit 2.000 Jahren eurer neuen Zeitrechnung sind Millionen von Wesen entstanden, die rein sind, weil sie von reinen Wesen gezeugt wurden. Und alle neuen Kinder, die geboren werden, sind diese reinen Kinder. Mit jeder weiteren Geburt heilt diese Welt.

… Tei de owen, oh mi fan sun, tei mi deien, avrom ne onji, ka voi me dihen …

Dies ist die reine Sprache aus der Quelle. Nur ein einziges Wesen kann diese Sprache fühlen. Dieses Wesen, wenn es diese Sprache fühlt, ist ein Elohim. Es ist ein Engel selbst. Und Du fragst Dich, wer Du bist, denn die Wahrheit ist, wer Du bist, wer wir alle sind: Wir sind die Engel des Göttlichen, inkarniert, um diese Welt und ihre Menschen zu beschützen, zu bewahren und zu behüten seit Anbeginn der Zeit, seit das Experiment die Entwicklung des freien Willens begonnen hat auf dieser Erde.

Dieses Experiment, dieses Projekt der Quelle gab es so bisher nur auf diesem einzigen Planeten, dem planetaren Wesen Gaia, oder wie wir sie nennen, **Evolem, die Liebende, die aus Liebe sich Gebende, Evolem, die Mutter aller Mütter**. Dieses Experiment ist erfolgreich, denn aus der Liebe selbst wurde in unzähliger Form in der Trennung wieder Liebe erschaffen. Es ist leicht, in der Einheit in der Liebe zu sein, aber in der Trennung wieder zurückzufinden zur Liebe, das ist das höchste Ziel. Und dies ist auf diesem planetaren Wesen, der Systemhüterin Evolem, in einer unendlichen Anzahl geschehen, so dass die kritische Masse überschritten und erreicht ist, was sich nun sehr schnell auf eurer materiellen Ebene zeigen wird. Es beginnt damit, dass zuerst überall alle Lügen offenbart werden. Es kann sich nirgendwo mehr eine Lüge halten, denn mit großer Macht strömt gerade die Energie der Wahrheit in dieses System, in alle Systeme. Und die Menschheit wird aufbegehren, wenn sie kollektiv die Wahrheit erfährt, und deswegen braucht diese Menschheit gerade Dich, Euch. Ihr seid die sie umgebenden Beschützer, denn eine Menschheit, die erkennt, was mit ihr gemacht wurde, würde ohne eure Anwesenheit in finsterste Brutalität verfallen, und die Revolution, die Ihr in Frankreich erlebt hattet, wäre nichts dagegen. Wenn Mütter und Väter erfahren, dass ihre Kinder getötet wurden und vieles andere, würde das zu einer fürchterlichen Welle von Vernichtung und Wut führen. Deswegen braucht es Dich, An kana Te, denn diese, deine, eure Liebe, ist längst dabei, ein Feld aufzubauen zwischen der Wahrheit, die jetzt ans Licht kommt, und den Emotionen, die dabei entstehen werden. Und diese Liebe wird diese Wutenergie, diese Ohnmachtsenergie, diese Hassenergie transformieren und wandeln. Seit Hunderten von Jahren wurde die Energie der Liebe gesammelt, denn sie wird jetzt gebraucht. Sie ist der Filter, um das, was dieser Welt jetzt bevorsteht, wenn die Wahrheit ans Licht kommt, so sehr zu transformieren, dass es gleichzeitig eine Heilung wird. Und Ihr werdet feststellen, dass die Menschheit ihren eigenen Peinigern vergeben wird, denn sie werden verstehen, warum sie es getan haben und tun mussten; und das wird die gesamte Menschheit zusammen führen. Jetzt gibt es scheinbar noch die und die und die, danach wird es nur noch alle geben, die wieder eins sind. Keine Trennung, keinen Hass, keine Vorurteile, keine Grenzen. Doch um dorthin zu gelangen, braucht es Dich, Dich in deiner Kraft, in deiner Macht, in deiner Stärke, Dich in deiner Selbstbewusstheit, Dich in der Bereitschaft, anzunehmen und zu sagen, wer Du bist. So bitte ich Dich, wie ich Dich schon einmal gebeten habe, als wir unter uns waren, jetzt es noch einmal zu tun, und vor diesen Zeugen, die Du alle kennst, die Wahrheit auszusprechen, wer Du bist, um damit wieder in deinem innersten Wesen, in deinem Sein eine Trillion von Molekülen und Atomen zu aktivieren, denn sie alle warten auf diesen Augenblick – deine Moleküle, deine Atome, die dein Sein sind, aber ein eigenständiges Bewusstsein haben, dein Köper, den Du gerade schon nicht mehr fühlen kannst, weil es gerade diesen materiellen Körper so nicht mehr gibt. Längst hat dein wahres Sein ihn aufgelöst, denn Du befindest Dich jetzt bereits in deinen anderen Körpern. So sage nun vor diesen Zeugen, wer Du bist und was Du bist. Sage es mit Freude in deinem Herzen, mit aller Liebe, die in Dir ist, sage, wer Du bist, indem Du sagst:

Ich bin die Wahrheit. Ich bin das Leben. Ich bin der Weg. Alles kommt zur Liebe durch mich, denn ich bin die Liebe. Die Liebe bin ich.

Und nun sage wieder die höchste Wahrheit, die ein menschliches Sein sagen und zum Ausdruck bringen kann:

Gott in allem. Gott ich bin. Jetzt.

Und nun fühle, was Du fühlst, wenn Du diese Wahrheit aussprichst. Fühle, wie sich jetzt die Trennung aufhebt, fühle, wie Du jetzt eins wirst mit diesem Raum, mit allen Anwesenden, eins wirst mit uns. Fühle, wie Du jetzt in deinem emotionalen Körper bist und fühle damit auch, wie Du dieser ganze Raum bist, jetzt. Fühle, wie Du mit allen eins bist. Und jetzt, wo Du gerade fühlst, dass Du ja mit allen eins bist, wirst Du etwas sehr Wesentliches verstehen können: Das, was Dich bisher in deinem Leben gebremst hat, das, was Dich bisher nicht hat erfahren lassen, was Du Dir so sehr wünschst, das, was Du jetzt gerade fühlst, dass Du mit allen Menschen eins bist, dies ist immer so. Du bist auf emotionaler Ebene, auf mentaler und spiritueller Ebene immer mit allen anderen Menschen eins und damit verbunden. Und nun verstehst Du, warum es so wichtig ist, was Du über Dich selbst denkst, denn über die Verbindung dieser Körper teilst Du immer allen anderen Menschen, ja, der gesamten Menschheit, mit, wer Du bist, was Du bist, was Du kannst, wie gut Du es kannst, wie wertvoll Du bist, wie Du Dich selbst wertschätzt und liebst. Nicht dein äußeres Leben, nicht, was im Äußeren geschieht, hat eine Bedeutung, nur dein inneres Sein. Nun verstehst Du, warum ich sagte, es geschieht Dir immer nach deinem Glauben, weil Du deinen Glauben über Dich selbst über die Verbundenheit der geistigen Körper permanent mit dieser Welt dort draußen teilst. Du bist nie getrennt von dieser Welt dort draußen und ihren Menschen, Du bist immer über deine emotionalen, spirituellen und mentalen Körper verbunden. Und diese Körper tauschen sich in ihren Informationen aus. Sie sagen einander, was Ihr wirklich voneinander glaubt. Bist Du in allem in der Wahrheit, vermitteln sie allen Anderen die Wahrheit. Bist Du aber in einem Lebensbereich oder in mehreren in der Lüge, das heißt in der Nicht-Wahrheit, teilen sie diese Nicht-Wahrheit, diese Lüge mit. Und so wie Du Dich selbst niemals belügen kannst, kannst Du auch andere nicht belügen. Denn auf der geistigen Ebene sind sie immer mit Dir verbunden. Wenn Du deinen Partner, deine Partnerin wirklich ohne eine einzige Bedingung liebst, frei von jeder Bedingung einfach liebst und annimmst, so wie er oder sie ist, wird dies dein Partner, deine Partnerin wissen. **Kannst Du nun verstehen, dass Eifersucht dort gedeiht, wo auf geistiger und seelischer Ebene Gedanken des Fehlens sind? Wenn Du in Dir das Gefühl hast, dass Dir etwas fehlt, etwas abhandenkommt, etwas nicht da ist, ein Bedürfnis, was Du hast, nicht erfüllt wird, nimmt dies dein Partner, deine Partnerin auf Seelenebene wahr.** Da sie es in der Regel nicht auf Seelenebene verstehen kann, dass hier ein Bedürfnis nicht erfüllt wird, wird es auf der materiellen Ebene übersetzt als Eifersucht, denn dein Partner denkt, Dir würde etwas fehlen, was Du dort draußen bei Anderen oder einem anderen Menschen suchst oder suchen könntest. Auch dies wurde Euch noch niemals so erklärt. Es ist sehr wichtig, dass Ihr diese Zusammenhänge des Geistig-Seelischen und des Materiellen den Menschen dort draußen vermittelt, damit sie es verstehen. Wahre geistige Schulung kann nur dann wirklich geschehen, wenn wir, die geistige Welt, Euch schulen können. Und noch niemals war es auf dieser Welt so leicht, so viele von Euch gleichzeitig so einfach zu schulen, denn noch niemals waren so viele reine Kanäle auf dieser Welt, durch die wir sprechen können. Gerade heute sind hier in diesem Raum so viele reine Kanäle anwesend. Auch wenn noch nicht alle von Euch den Mut haben, so wie er, durch den wir gerade sprechen, uns durch Euch wirken zu lassen. Ihr würdet sagen, um ein Beispiel zu nehmen aus eurer Sprache, viele von Euch fahren noch mit angezogener Handbremse. Wir lieben eure Beispiele, denn sie sind so ausdrucksvoll! Und wie Ihr auch gerade sehr deutlich feststellen könnt – Ihr fühlt es ja – sind wir in der Lage, wenn ein Kanal sehr rein ist, ja, gleichzeitig hintereinander oder gleichzeitig miteinander durch diesen Kanal zu sprechen. Ich, Yeshua, bin in der Lage, durch ihn zu sprechen, wir, eure Seelen, sind gleichzeitig in der Lage, durch diesen Kanal zu sprechen. Und wir, die Erzengel, sind gleichzeitig in der Lage, durch diesen Kanal zu sprechen. Und ich, sein geistiger Führer, Amrides, bin in der Lage, gleichzeitig durch ihn zu sprechen. Und Du, der Du dies gerade liest, hast jetzt gerade selbst fühlen können, dass unabhängig von der Sprache, das Gefühl, das übermittelt wird, immer anders ist, denn wenn wir auf der geistigen Seite uns untereinander unterscheiden, dann vor allem im Fühlen. Dies hat Amira von Anfang an am meisten überrascht, dass wir uns anders anfühlen und er uns an Gefühlen erkennen kann. So hat er begonnen, mit mir Kontakt aufzunehmen. Ich als sein Schutzengel, Erzengel Michael, musste ihm ein Gefühl übermitteln, an dem er mich erkennen kann, sonst hätte er mir nicht geglaubt, dass ich es bin, oder er dachte, dass er selbst es ist. Ich liebe es, wenn ich ihm dieses Gefühl übermitteln darf. Am Anfang habe ich es gebraucht, um ihm zu beweisen, dass ich es bin. Möchtest auch Du heute einen Beweis haben, dass wir in und für Dich sprechen, kannst Du jetzt dasselbe tun, wie er es getan hat, kannst jetzt mich, deinen Schutzengel, bitten, Dir ein Zeichen zu geben, dass ich es bin, der hier ist und dass ich Dir Gedanken und Gefühle übermittle. Du kannst mich jetzt um ein Zeichen bitten und ich gebe es Dir in deinem Fühlen. Und an diesem Zeichen, an diesem Gefühl, das Du jetzt gerade hattest, wirst Du mich ab heute immer erkennen. Wenn ich zu Dir spreche, werde ich Dir dieses Gefühl vermitteln, das ist das Zeichen. Ich spreche bereits mit Dir, in Dir, durch Dich, und ich gebe Dir dieses Gefühl, und dann kannst Du ganz sicher sein, dass ich es bin. Ich hoffe, es ist in deinem Sinne, wir hoffen, es ist in eurem Sinne.

Die, die schon einmal hier waren, können es sehr deutlich erkennen, dass sich etwas sehr gravierend verändert hat. Als wir ihm den Auftrag gegeben haben, dass er sich mit einer Gruppe von An kana Te an einem der heiligsten Orte auf dieser Welt trifft, und wir alle jeden Einzelnen geprüft hatten im Vertrauen und alle diese Prüfung des Vertrauens bestanden hatten, konnten wir dort etwas aktivieren, was Ihr jetzt alle gerade spüren könnt. Wir konnten auf enorme Weise die Verbindung zwischen Euch und uns stärker und wahrnehmbarer machen, was für uns von allergrößter Bedeutung ist, denn wir können für Dich am besten wirken, wenn Du uns wahrnehmen kannst, wenn Du uns fühlen kannst. Du kannst uns nicht denken, Du kannst uns aber fühlen, so wie jetzt. Fühlst Du jetzt die reine Liebe, die wir Dir übermitteln? Fühlst Du, wie Du vollkommen von Liebe erfüllt bist, von Freude, von dem Gefühl, daheim und zu Hause angekommen zu sein, von dem Gefühl, nichts mehr tun zu müssen, nichts mehr sein zu müssen, nichts mehr und niemandem mehr beweisen zu müssen, einfach nur noch jetzt so zu sein, im Jetzt für immer? Dieser Zustand wird schon bald der Zustand des Immer-Jetzt für Euch sein. Das ist die große Belohnung und das Geschenk für das, was Ihr alle in dieser Inkarnation und in vielen anderen erbracht habt. Und weil wir Euch jetzt so nahe sein können, weil Ihr uns so deutlich fühlen könnt, können wir jetzt so sehr für Dich in deinem

Leben wirken. Du weißt ab heute, wir sind da, immer, alle Zeit. Du kannst uns immer um alles bitten, Du kannst uns jederzeit fragen, Du kannst anklopfen, wir werden immer die Tür öffnen, 24 Stunden – das ist unser Service für Dich – 7 Tage die Woche, den ganzen Monat, das ganze Jahr. Keine einzige Bitte von Dir ist uns zu viel, niemals kannst Du Dich zu oft wiederholen. Nichts ist uns zu klein, zu unbedeutend, ganz im Gegenteil:

Wir haben nur eine einzige Aufgabe und die erfüllen wir, mit größter Freude: für Dich da zu sein. Weißt Du warum? Nur aus einem Grund, weil wir Dich vollkommen lieben, so wie Du bist, denn so bist Du für uns wundervoll. Für uns bist Du das wundervollste Wesen, das es gibt, denn wir sehen Dich, wie Du bist. Wir sehen dein reines Herz. Wir sehen, wie Du jeden Tag mit Dir kämpfst. Wir sind die, die neben Dir stehen und Dich wieder halten und aufrichten, wenn Du gefallen bist und nicht mehr weiter weißt. Wir sind die, die Dich trösten, wir sind die, die Dich auf unseren Armen tragen, gerade dann, wenn Du meinst, dass Du von aller Welt verlassen bist.

Dies heute ist der Beginn von etwas ganz Neuem. Dies ist der Beginn der Einheit zwischen deiner Welt und unserer Welt. Wir und Ihr sind so gesehen die ersten, und nun werden viele folgen, denn Ihr werdet ab heute in diese Welt hinausgehen, und dort, wo Ihr seid, ist die Wahrheit. Dort, wo Ihr die Liebe hinführt, wird die Liebe sein. Dort, wo Ihr das Licht hinbringt, wird das Licht sein. Dort, wo Ihr hingeht, werdet Ihr die Menschen wieder verbinden. Denn Du bist immer noch mein Jünger, meine Jüngerin der Liebe, so wie Du es immer warst in jeder Inkarnation. Denn ich habe Dich gebeten zu bleiben, wenn ich gehe. Ich habe Dir gesagt, Du musst hier bleiben für mich, denn die Welt und ihre Menschen brauchen Dich, dein Licht, deine Liebe, deine Wahrheit, denn für die Menschen dieser Welt werden die schlimmsten Stunden kommen, die tiefste Dunkelheit, und so brauchen sie Dich. Du wirst sie hindurchführen mit deinem Licht und deiner Liebe. Und diese meine Worte, damals ausgesprochen, waren noch niemals so wahr wie gerade jetzt, denn diese Menschheit hat sich vollkommen verloren.

Wahre Schöpfung erleben geht nur in der Gegenwart – Die 95%- zu 5%-Regel

Immer, wenn Du auf deinem Weg voranschreitest, ist dies das einzig zu Beachtende, dass Du voranschreitest. Solange Du Dich nach vorne bewegst, bist Du immer in Richtung deiner Aufgabe, deines Zieles, deiner Vision unterwegs. Voranzuschreiten bedeutet, mit einem offenen Blick, einem offenen Herzen nach vorne ausgerichtet zu sein. Nach vorne ausgerichtet zu sein bedeutet eben, in deine Zukunft zu blicken aus dem Jetzt-Standpunkt der Gegenwart, denn die Gegenwart alleine ist dein Machtzentrum, Schöpfung deines Seins, Schöpfung deines Lebens, Schöpfung deiner neuen Lebensumstände. Diese Lebensumstände sind jetzt noch für Dich Zukunft, sind also jetzt gerade für Dich auf energetischer Ebene und damit zeitlich – das Zeitliche und das Energetische hängen ja zusammen – noch in der Zukunft. Doch in deiner Gegenwart, in deinem Schöpfungsbewusstsein hast Du die Fähigkeit, die Gelegenheit und die Macht, Zukünftiges, von Dir Gewünschtes in die Gegenwart zu ziehen, denn Du kannst nur in der Gegenwart erfahren, in der Zukunft kannst Du nur auf gedanklicher Ebene das Erwünschte sehen oder sogar bereits das Erwünschte fühlen. Aber wenn Du das Erwünschte auch anfassen möchtest, also es auf der körperlichen Ebene auch erfahren möchtest, dies geht nur in der Gegenwart. Wahre Schöpfung, materielle Schöpfung erfahren und erleben geht nur in der Gegenwart. Das bedeutet, dass Du nur dann, wenn Du in der Gegenwart bist, das schöpfen kannst, was gerade noch zukünftig ist, aber von Dir aus deinem Jetzt-Bewusstseinszustand in deiner Gegenwart erfahren werden möchte. Doch erlaubst Du Dir mit deinem Bewusstsein, nach hinten zu schauen. Dort, wo hinter Dir hinten ist, ist deine Vergangenheit. **Alle Worte, die mit „ver“ beginnen wie verloren, vergangen, versagt, sind Attribute von Energien, die Dir alles andere als Freude geben.** Ist Dir schon einmal aufgefallen, dass es selbst beim Wort „Liebe“ zwei Versionen gibt? Es gibt die Version zu lieben und es gibt die Version ver-liebt zu sein, was definitiv etwas Verschiedenes ist. Es fängt oft mit verliebt sein an und geht dann über in Liebe und bleibt dann in Liebe. Somit ist der einzige Bewusstseinszustand, den Du ab heute aus deinem Leben endgültig entlassen solltest, die Vergangenheit. Indem Du sie gehen lässt, befindet sie sich nicht mehr in deinem energetischen Feld und damit nicht mehr in deinem Bewusstsein. Der einzige Aufenthaltszustand deines Bewusstseins, den Du ab heute entlassen, gehen lassen darfst, ist also die Vergangenheit. Alles, was vor einer Sekunde war oder vor 5 Minuten oder einer Stunde oder einem Tag, ist bereits vergangen, liegt hinter Dir, ist damit hinter Dir und sollte hinter Dir sein. Wenn Du aber deinen Gedanken erlaubst, hinter Dir zu sein, kannst Du nicht Neues schöpfen, denn hinter Dir liegt das bereits von Dir Erfahrene. Bist Du in deinem Bewusstsein hinter Dir in deiner Vergangenheit, was meist durch die Frage „Warum" ausgelöst wird, dann schöpfst Du in deiner Gegenwart, in deinem Jetzt-Bewusstseins-Schöpfungszustand das bereits Vergangene, und damit erfährst Du in deiner Zukunft die alte Vergangenheit wieder und wieder. Du bist alleine, Du denkst darüber nach, dass Du alleine bist, Du fragst Dich, warum Du alleine bist, und schon bist Du in die Falle getappt, denn Du bist dann in deinem Bewusstseinszustand in der Vergangenheit, in dem Zustand des Alleinseins, und Du schöpfst in dem Moment in deinem Gegenwarts-Bewusstseins-Zustand weiteres Alleinsein. Dies zieht sich durch all eure Lebensbereiche. Du bist in der Gegenwart bei den Gedanken des Mangels, dass Du Dir etwas nicht leisten kannst, dass etwas zu teuer ist, dass Du nicht genügend Mittel hast, dass Dir etwas fehlt. Und Du bist wieder in die Falle getappt, denn wenn Du daran denkst, dass Dir etwas fehlt, wenn Du den Mangel wahrnimmst – **ihn schon wahrzunehmen genügt**, um Dich in ihm gedanklich aufzuhalten –, damit bist Du in der Vergangenheit, und schon wieder produzierst Du die neue Gegenwart, den weiteren Mangel. Du siehst oder nimmst die Schmerzen wahr in deinem Körper, das Fehlende, das nicht Vorhandene oder das zu viel, und Du findest Dich in der Vergangenheit wieder. Schon bist Du wieder in die Falle getappt, denn wenn Du das Spürende, das Dich Beeinflussende, das Dich Schmerzende wahrnimmst, verstärkst Du es, und Du schöpfst in deiner Gegenwart weitere Schmerzen, weitere Fülle oder weiteres zu viel oder zu wenig. Und Du erfährst in der Zukunft dann als neue Gegenwart wieder zu viel Schmerzvolles. Du befindest Dich in der Gegenwart in Dich nervenden Lebensumständen, Du nimmst deinen Beruf wahr, indem Du merkst, was Dir nicht gefällt, Du hast zu wenig Einnahmen, Du bekommst nicht genügend Geld, es fehlt Dir Geld, Du wirst nicht genügend wertgeschätzt, es fehlt Dir Wertschätzung, Du hast nicht den Arbeitsplatz, der Dir zusteht. Und wieder bist Du in die Falle getappt. **Du hältst Dich auf bei dem Dich Störenden, Du gibst dem Dich Störenden in deiner Gegenwart, in deinem Schöpfungsbewusstsein Macht und schöpfst bereits weitere zukünftige Lebensumstände, die Dich machtlos fühlen lassen.** So einfach. Doch dies alles ist Dir ja bereits bekannt, Du müsstest es ja nur ändern. Wie kannst Du es ändern? Wir, die Dich umgebende geistige Welt, sagen Dir: Es ist ganz einfach. Der erste Schritt ist, hole Dir Verbündete. Mach es nicht alleine. Um Dich befindet sich ein ganzes Bataillon von Helfern. Wir, die geistige Welt, deine geistigen Führer, Wir, die Engel, ich, dein Schutzengel, sind allzeit bereit, Dir dein Gutes hinzuführen, wenn Du folgende Regeln einhältst:

- Bitte, dann wird Dir gegeben!
- Frage uns und wir geben Dir eine Antwort!
- Klopfe an unsere Tür und wir machen Dir auf.

Dies bedeutet, Du musst, Du darfst, Du kannst, es wäre schön, wenn Du jetzt endlich die Mentalität aufgeben würdest, alles alleine machen zu wollen, um deine eigene Stärke zu präsentieren. Für das, was Du Dir wünschst, brauchst Du Hilfe. Nimmst Du sie nicht an, fehlt sie Dir. Nimmst Du sie an, steht Dir sofort enorme Hilfe zur Verfügung, die dann so geartet aussieht:

Nimmst Du unsere Hilfe an, hast Du bereits 95% dessen, was zu tun ist, automatisch delegiert. Hast Du jemals von diesem Wort gehört, zu delegieren? Es ist kein Wort für Schwache. Delegieren ist das Wort, das so gesehen hauptsächlich in eurem Bereich des Managements benutzt wird, denn Führungskräfte delegieren, weil sie Macht besitzen, und weil sie Macht besitzen, können sie an Andere Aufgaben delegieren. Nun sagen wir, die Dich umgebende geistige Welt, Du bist für uns die Führungskraft. Du bist für uns das schöpferische, führende Meisterwesen. Als Führungsperson, die Du bist, hast Du die Aufgabe, wenn Du dies wünschst, alle wesentlichen Aufgaben des Materialisierens, des Umsetzens von Wünschen an uns, die geistige Welt, zu delegieren. Und wir haben die Aufgabe von der Quelle übernommen, für Dich da zu sein, um Dir all dein Gutes hinzuführen, hinzubringen.

Diese 5%, die von Dir zu erbringen sind, sind die einzig wirkliche Prämisse und Aufgabe. Finde klar und eindeutig für Dich heraus, was Du Dir von ganzem Herzen ohne einen Kompromiss wünschst. Wenn Du Dir ein Haus wünschst mit 10 Zimmern, mit einem großen Garten, mit einem Pool, mit einem Blick zum Meer oder in die Berge, ist das die einzig mögliche Variante, **es gibt keinen Kompromiss**. Hast Du dies verstanden? Für dein Herz gibt es keine Kompromisse, weil dein Herz genauso innerlich aufgebaut und strukturiert ist wie die besten Künstler dieser Welt. Kannst Du Dich an die Aussage erinnern, als einem der größten Künstler, welche die Menschheitsgeschichte jemals erlebt hat, Mozart, nach der ersten Aufführung seines größten Schaffenswerkes, der Zauberflöte, gesagt wurde, dass er zu viele Noten benutzt hätte, weil es zu lange ging, denn das damalige Wesen konnte nicht so lange Zeit aufnehmen. Und so in etwa wurde ihm gesagt: *„Machen Sie ein paar Noten weg, Herr Mozart, und dann passt es"*. Und er sagte: *„Welche Note soll ich von der Vollkommenheit wegnehmen? Würde ich nur eine Note hinweg nehmen, wäre es nicht mehr vollkommen"*. Und so wie ein wahrer Künstler niemals bereit ist, auch nur einen einzigen Pinselstrich, eine einzige Note von seinem Kunstwerk hinweg zu nehmen, denn dann wäre es nicht mehr vollkommen, kannst auch Du nicht von deinem Herzenswunsch auch nur eine Note, den Meerblick oder die 10 Zimmer oder den Pool oder, was es auch immer ist, wegnehmen, **denn dann wäre es nicht mehr dein Kunstwerk und damit nicht mehr dein Herzenswunsch**. Ihr und Du, Ihr alle seid so sehr gewöhnt, Euch anzupassen. Ihr habt Euch so sehr angewöhnt, in Kompromisse zu gehen, weil Ihr immer gedacht und gehofft habt, wenn ich bereit bin, einen Kompromiss einzugehen, dann wird ja der oder die Andere schon auf mich zukommen. Doch diese Verhaltenstaktik führt eben, wenn es um deine Herzenswünsche geht, ganz einfach zu dem Punkt, dass der Herzenswunsch sich nicht erfüllen kann, weil das vollkommene Kunstwerk schon mit einer Note nicht mehr das vollkommene Kunstwerk ist.

Amira trägt heute an seiner linken Brust ein Wort, und genau dieses Wort braucht es für das, was wir Euch heute vermitteln wollen, vermitteln können und sollen, denn Du hast uns den Auftrag gegeben, wenn deine Zeit in Raum und Zeit gekommen ist, wo Du selbst wieder deinen neuen eigenen, wahren Schöpfungsraum betrittst, werden wir Dich daran erinnern dürfen, und so tun wir dies jetzt. Wir erfüllen jetzt gerade unser gegebenes Versprechen an Dich, dass, wenn die Zeit reif ist, und Du bereit bist, wir Dich erinnern. So sagen wir Dir, An kana Te, älteste Seele dieser Welt, höchstes Schöpfungsbewusstsein, tief erfülltes Seelenwesen, dein Herzenswunsch braucht deine 100%. Wünsche jetzt von ganzem Herzen, von ganzer Kraft das, was Du Dir wirklich wünschst, in der Größe, wie Du es wünschst und akzeptiere keinen einzigen Kompromiss, und Du wirst die Erfüllung des Wunsches erfahren, das ist die Wahrheit. Die Wahrheit ist, dass viele von Euch bisher nicht das erfahren konnten, was sie so sehr wünschen, weil Ihr immer noch davon ausgegangen seid, Ihr müsstet bestimmte Einschränkungen akzeptieren. Und wir sagen Euch, **akzeptiert keine einzige Einschränkung**, sondern wünscht Euch die volle Fülle. Wisst Ihr warum? Weil Ihr es Euch so sehr verdient habt. Kein Wesen auf dieser Welt hat so viel gegeben wie Du. Kein Wesen auf dieser Welt hat so viel Schmerzen ertragen wie Du. Und wir reden nicht alleine von dieser Jetzt-Inkarnation. Würdest Du alleine die letzten 50 Inkarnationen anschauen, dann wüsstest Du, wovon wir reden. Gerade Du hast für diese Menschheit so viel gegeben, oft bis es dein Leben gekostet hat, und selbst das warst Du bereit, mit Freude zu geben.

Und so wiederholen wir nochmals:

Wünsche von ganzer Herzenskraft ohne einen einzigen kleinen Kompromiss das, was Du Dir wünschst in dem heutigen Wissen, dass Du es verdient hast. Und nun sage es vor Uns als deinen Zeugen, auf dass Du es in den ätherischen Bereich und alle anderen Bereiche hineingibst. Nutze deine Stimme, die die Kraft der Verwirklichung in sich trägt, indem Du vor Uns, als deinen Zeugen, die Wahrheit aussprichst. Nimm deine Hände, lege sie auf dein Herz und sage:

Ich habe mir das Beste verdient. Und das Beste gehört mir, jetzt. Das ist die Wahrheit. Und so ist es.

Und nun, Wesen der Fülle, atme die Fülle ein. Fühle, wie Du jetzt mit jedem Atemzug von Uns, der geistigen Welt, die Energie, die wir Dir übermitteln, die Energie der Fülle, einatmest ... Atme sie ein .... Fülle deine Lungen mit Fülle. Und wenn Du dann ausatmest, fühle, wie Du in all deine energetischen Systeme, ätherisches System, emotionales System, mentales System, spirituelles System, in alle Zellen, Moleküle und Atome Fülle hineingibst ... Atme Fülle ein in all dein Sein, jetzt. Wenn Du möchtest, nimm deine Schöpfungshände:

Wenn Du einatmest, breite die Hände aus, als ob Du Fülle in deine Hände nimmst und sie in dein Herz hineingibst. Und wenn Du sie in dein Herz hineingegeben hast und Du ausatmest, nimm die Hände voll mit dieser Fülle und nimm die Fülle beim Ausatmen wieder hinein in all deine Systeme.

Erfülle all deine Systeme mit Fülle … und noch einmal. Atme sie ein, die Fülle. Gebe die Fülle aus deinen Händen in dein Herz, fühle, wie Du schwindelig vor Fülle wirst, und dann atme die Fülle in dein Herz, in alle deine Körper. Je weiter Du sie hinausgibst bis in deinen spirituellen Körper, umso weiter dringt die Resonanz der Fülle. Und nun, An kana Te, Schöpfungswesen, sage vor diesen Zeugen, die vor Dir und um Dich sind, um zu bezeugen, was Du sagst:

Ich, das Wesen der Fülle, sage jetzt aus meinem Schöpfungsbewusstsein:

An Euch, die geistige Welt, allen voran die Erzengel, Fülle in allen Lebensbereichen, jetzt. Freude in meinem gesamten Sein, jetzt. Alles, was zu mir gehört, alles, was das Meine ist, führt es jetzt zu mir auf dem besten, schnellsten und sinnvollsten Weg, zum Wohl von mir und allen anderen. Jetzt.

Und nun atme tief ein. Und jeder Atem, den Du jetzt einatmest, ist die Bestätigung. Jedes Ausatmen ist die Energieaussendung, dass das Bestätigte jetzt angezogen wird. Das Einatmen ist die Bestätigung, das Ausatmen ist die Energieaussendung, auf dass es angezogen wird. Könntest Du Dir vorstellen, was geschieht, wenn Du dies ab heute jeden Tag tun würdest? Es genügt, wenn Du es ein, zwei Minuten tust, morgens, bevor Du zur Arbeit gehst, mittags in einer kurzen Pause, abends, bevor Du Dich hinlegst. Das ist das, was dein Leben verändert, nicht alleine das Lesen und Aufnehmen von Wissen. Dein Handeln gemäß dessen, was sein soll, verändert dein Sein. Sei vielmehr ein praktizierendes, handelndes, seiendes Wesen. Warum glaubt Ihr, haben wir Euch die Idee gegeben, das, was wir Euch heute geben, so in eine

Form zu bringen, dass das einmal Mitgeteilte vervielfältigt werden kann und immer wieder aufgenommen werden kann? Warum nutzen Wir, die geistige Welt, eure Techniken, damit Ihr uns immer wieder nutzen könnt? **Wenn Ihr uns nutzt, benützt Ihr eure 5% und wir nützen dann unsere 95%.** Wir dürfen Dir sagen, An kana Te, das ist das Verhältnis, solange Du die 95% trägst, wird es nicht funktionieren, denn Du kannst diese 95% nicht tragen. An kana Te, dürfen wir Dich um etwas bitten? Einer einfachen Bitte würde ein einfaches Ja folgen. Dann bitten wir Dich jetzt um Folgendes:

An kana Te, gib uns deine 95% und gib sie uns jetzt. Und gib sie uns einmal, und lass sie uns, und wir behalten sie bei uns. Nimm deine Hände, greife in Dich hinein, wenn Du das möchtest, wenn es Dir hilft, nimm die 95% deiner bisherigen gelebten Vollkommenheit, alles was ich selbst tue, ist gut, tue ich es nicht selbst, ist es nicht gut. Gib uns diese Muster und übergib sie jetzt an uns, lege sie in unsere Hände, die wir gerade ausstrecken. Wir nehmen sie, unsere 95%, und jetzt können wir zusammen kreieren. Du, An kana Te, behalte diese deine 5%. Es ist mit einem einzigen Satz gesagt, deine 5% sind die Frage: Was wünsche ich mir frei von allen Kompromissen von ganzem Herzen wirklich? An kana Te, wenn Du heute nach Hause zurückkehrst, dann setze Dich hin, am besten noch heute, allerspätestens morgen, und nimm Dir diese wichtigste Zeit in deinem Leben. Es ist das Wichtigste, was Du in deinem Leben tun kannst, Dir Zeit zu nehmen für diese Frage und Dir dann diese Frage in der Form zu beantworten, die Dich in das Schöpfungsbewusstsein bringt, nämlich in das Gegenwarts-Sein. Oder erinnere Dich bitte noch einmal, dass die Gegenwart die einzige Möglichkeit ist, wo Du aus dem Gedachten und Gefühlten greifbares, wahrnehmbares, anfassbares Erleben machen kannst, und genauso bedeutet es, dass diese 5% in der Gegenwart erlebbar, erfühlbar, wahrnehmbar sein müssen. Das geht nur, wenn Du es in der Gegenwart aussprichst und es in die Gegenwartsform, in die Jetzt-Form bringst durch das geschriebene Wort. Schreibe Dir deine Herzenswünsche aus dem Herzen von der Seele. Und dann kannst Du sie einfach loslassen. Sobald Du sie niedergeschrieben hast, hast Du den Auftrag an uns erteilt, und wir sind dann bereits mit aller Kraft dabei, unsere 95% bestmöglich zu erfüllen. Du brauchst dann nur noch weiterhin dein Herzenswünschen eingeschaltet zu lassen, das bedeutet **die Vorfreude**. Ab dem Moment, wo Du Dich diesem schriftlichen Sein übergeben und uns den Auftrag erteilt hast, genügt es vollkommen, wenn Du Dich dann in den Zustand der Vorfreude begibst.

Was ist der Zustand der Vorfreude? Ganz einfach:

Du fühlst bereits die Erfüllung dessen, was Du Dir gerade gewünscht hast. Du stellst es Dir vor, Du siehst es, Du nimmst es wahr, Du erlebst es bereits in deinen Gedanken und Gefühlen. Und nun eine tiefe Wahrheit:

Wenn Du Dir etwas von Herzen wünschst und kannst Dich kontinuierlich eine Minute in diesem Sein gedanklich aufhalten und es fühlen, wird es sich verwirklichen. Kannst Du Dich nicht mal eine einzige Minute gedanklich und gefühlsmäßig in dem Gewünschten aufhalten, **ist es ein Kompromiss**. Und wie Du heute bereits vernommen hast, werden kompromissbehaftete Herzenswünsche keine Erfüllung finden. Ein vollkommenes Kunstwerk ist nur vollkommen mit jedem einzelnen Teil, auch nur einen kleinen Teil hinweg zu nehmen, würde das gesamte Kunstwerk zerstören.

Wir sind so sehr mit tiefer Dankbarkeit erfüllt, denn wir konnten noch niemals einer solch großen Gruppe von Menschen gleichzeitig auf so vielen möglichen Ebenen diese tiefste Schöpfungswahrheit vermitteln. Deswegen bitten wir Euch, das, was hier vermittelt wurde, hinauszutragen in diese Welt. Wir bitten auch Euch, die verantwortlich sind, unsere Worte so zu vervielfältigen, dass sie vielen Menschen, sehr vielen Menschen im Wort zur Verfügung stehen werden. Denn dies, was hier übermittelt wird, wenn es getan und umgesetzt wird, bringt die Veränderung, die Veränderung deines Seins, deines Lebens, deiner Erfahrung und kollektiv die Veränderung der Erfahrungen dieser Welt. Denn wisst Ihr, jeder einzelne Mensch, jedes einzelne Schöpfungswesen hat ein Kunstwerk, das diese Welt erschaffen kann, und jeder Einzelne dieser Menschen kann dieses Kunstwerk nur erschaffen ohne einen einzigen Kompromiss. **Kunstwerke dulden keine Kompromisse, keinen einzigen.** Es gibt unter Euch bereits Künstler, die dies schon sehr groß leben. Nicht nur Amira gehört dazu, einige von Euch sind bereits als Künstler wirkend, und gerade Ihr versteht unsere Worte am allermeisten, denn Ihr wisst, dass nur ein einziger Ton, genommen oder hinweg gegeben, Euer gesamtes Werk verändert und damit nicht mehr das Kunstwerk ist. Gerade weil Ihr das so versteht, könnt Ihr es mit anderen teilen. Wir bitten Euch, gerade Ihr, die Ihr jetzt diese Worte vernommen habt und die Resonanz in eurem Herzen spürt, habt so sehr die Aufgabe gewählt, Sprachrohr zu sein für diese Wahrheit. Wir sagen es in aller Deutlichkeit, weil es wichtig für Euch ist:

Gerade Ihr habt jetzt die Aufgabe, aufzustehen und der Welt zu verkünden, was in Euch ist. Ihr müsst – wir benutzen, wenn Ihr erlaubt, ganz bewusst das Wort „müssen" nicht aus unserer Sicht, sondern aus eurer eigenen Sicht – Ihr müsst die Orte verlassen, an denen Ihr Euch momentan noch aufhaltet. Nein, das ist kein gutes Wort:

Nicht aufhaltet. Erlaubt, dass wir die Wahrheit sagen: Ihr Euch versteckt. Das ist ein gutes Wort, ja, es ist sehr treffend. Viele von Euch verstecken sich. Weil Ihr Angst davor habt, wenn Ihr ins Licht und damit in die Öffentlichkeit treten würdet, könntet Ihr kritisiert werden. Ja, das stimmt, doch nur die Künstler, die ein Kunstwerk schaffen, wurden jemals kritisiert. **So sei die Kritik deines Seins für Dich die Bestätigung, dass Du das Schöpfungsbewusstsein erreicht hast. Je mehr Kritiker Du hast, umso schöpferischer bist Du, umso mehr bist Du in deiner Kraft und Stärke.** Warum glaubt Ihr, sagen wir Amira immer wieder, lebe ihr Leben oder lebe das deine. Und er hat gewählt, *sein* Leben zu leben, und dies gibt ihm große Kraft und Stärke. Und wir ehren sein Sein, denn für keinen Menschen auf dieser Welt ist es einfach, Kritik anzunehmen, denn Kritik war bisher in eurem Sein verankert mit – und nun höre hin, An kana Te – **nicht geliebt zu werden**. Und so haben die meisten von Euch eines auf das Allergenaueste gemieden, Euch jemals in den Zustand zu bringen, kritisiert werden zu können, denn Ihr hattet ja in Euch den Glaubenssatz, wenn Ihr kritisiert werdet, wird Euch die Liebe entzogen. Die Wahrheit ist, **wenn Du kritisiert wirst, dann aus dem Grund, weil Du für den Anderen in der Vollkommenheit bist. Du lebst das im Anderen noch nicht Vorhandende, aber Gewünschte.** So lass die Kritik für Dich die Bestätigung sein, dass Du selbst bereits im Zustand der gelebten Vollkommenheit bist. Ist das nicht eine völlig neue Wahrnehmung? Hebt es nicht endlich deine größte Angst auf, Dich zu zeigen, Dich in einem neuen Bild zu zeigen, in dem Dich keiner kennt? Dürfen wir Euch, die ihr eigene Unternehmen habt, die Menschen haben, die mit ihnen zusammen wirken, Folgendes sagen?

Was wäre, wenn gerade Ihr, die man Euch Chef oder Chefin nennt, Vorgesetzte, den Mut hättet, das, was Du in deinem innersten Wesen wirklich glaubst, dass die Liebe und die Wahrheit die höchsten Güter sind und nicht der Preis oder das Produkt, der Verkaufsstil oder was es auch immer gibt zu beachten? Was wäre, wenn Du, Chef oder Chefin, Dich morgen vor all deinen Mitarbeitern hinstellst und ihnen sagst, dass Du ab heute einen neuen Führungsstil leben möchtest, den Führungsstil der gelebten Liebe? Und dann bitte sie alle, dass sie untereinander in Liebe miteinander umgehen. Was wäre, wenn Du bereit wärst, weil Du zeigst, was Du fühlst, kritisiert werden zu können? Was wäre, wenn auch dann die Möglichkeit bestünde, dass sich in deiner Firma alles ändert, weil Du mutig vorangehst? Was wäre, wenn Ihr plötzlich eure vorhandenen Firmen neu ausrichtet, Ihr einen ganz anderen Wirkungskreis hättet? Was wäre, wenn Du 50, 100 oder 1 Million Kunden hättest, die deine

Firma neu wahrnehmen, weil diese Firma aus Liebe wirkt? Und sie tut es nicht einfach nur in Dir, in deinem kleinen Büro, zu Hause, sondern, weil Du es lebst und nach außen zeigst, weil Du Regeln nach außen zeigst, Führungsregeln, Liebesregeln, und diese Kunden plötzlich es potenzieren zu Tausenden und Millionen. Das ist die Welt, die Ihr verändern könnt, wenn Ihr endlich den Mut habt und bereit seid, in das Risiko zu gehen, abgelehnt oder kritisiert zu werden. Was wäre, wenn Du, Mutter und Vater, endlich bereit wärst, zu deinen Kindern nein zu sagen, wenn sie etwas fordern:

Mutter, mach das, Vater, mach das, Mutter, streich mir das Brot, gib mir das. Wenn Du einfach nein sagen würdest und sie Dich plötzlich kritisieren könnten, oder vielleicht würden sie Dich dann nicht mehr lieben. Glaubst Du jemals, dass dein Kind Dich nicht lieben kann? Wie soll es das tun? Wenn Ihr, Partner und Partnerin, Euch hinstellt und zu euren Partnern sagt:

Nein, bis heute hab ich Dir gedient. Ab heute bin ich ein eigenständiges liebevolles Wesen. Und ich sage zu Dir, ab heute bin ich nur noch bei Dir, wenn Du mich liebevoll behandelst. Behandelst Du mich nicht liebevoll, hast Du mich nicht verdient, und dann gehe ich dorthin, wo man mich liebevoll behandelt. Und da hat dein Partner, deine Partnerin, die Gelegenheit, sich zu fragen:

Möchte ich diesen Menschen liebevoll behandeln, weil ich das Gefühl habe, dieser Mensch hat die Liebe verdient? Oder möchte ich ihn nicht liebevoll behandeln, warum auch immer, weil er mir nicht gibt, was ich brauche oder möchte, weil er nicht tut, was ich möchte oder weil er nicht mehr funktioniert? Und dann hat dieses andere Wesen es auch zu sagen. Wie sehr konnten Wir hier tiefe Wahrheit mit Dir teilen. Amira versteht erst jetzt, warum er dorthin gehen musste. Seine Wirkungsfähigkeit hat seit diesem Zeitpunkt auf eine enorme Art und Weise zugenommen, denn wir können jetzt so gesegnet für Euch und in Euch wirken.

Selbstvertrauen ist Seelenvertrauen – Leben in der Gegenwart

„Was würdest Du tun, wenn Du in deiner Tasche einen 500 Euro-Chip hättest? Du würdest vor der Spielbank stehen, und in dem Moment würdest Du die Zukunft sehen. In der Zukunft würdest Du wissen, welche Zahl als nächstes kommt, und Du wüsstest mit 100%er Sicherheit, dass diese Zahl als nächstes kommt. Würdest Du hineingehen und deinen 500 Euro-Chip, **alles, was Du hast**, auf diese eine Zahl setzen, wenn Du zu 100% wüsstest, dass diese Zahl kommt? Dasselbe ist jederzeit mit deinem Leben. Würdest Du jederzeit alles, was Du hast, alles, was Dir wertvoll ist, alles, was für Dich von Bedeutung ist, wie Ihr so schön sagt, auf eine Karte setzen, wenn Du wüsstest, dass Du alles gewinnen könntest und alles gewinnen würdest? Wenn Du jemals davon gehört hast, dass es im Leben darum geht, sich selbst zu vertrauen, dann frage Dich, welchem Selbst sollst Du vertrauen? Dieses Selbst kann natürlich nichts dort draußen sein, also muss dieses Selbst etwas sein, das in Dir ist. Welches Selbst ist in Dir oder bringt sich durch Dich zum Ausdruck? Nichts anderes als ich, deine Seele, denn Du bist mein Seelenanteil und bringst Dich durch mich zum Ausdruck. Gleichzeitig ist dein Dich zum Ausdruck bringen mein Erfahren. Alles, was Du erlebst, alles, was Du erfährst, erfahre ich, deine Seele, mit Dir. Ich wachse in meinem Gewahrsein durch Dich. Wenn es so etwas wie einen Seelenplan gibt, den wir beide vor deiner materiellen Inkarnation, vor deiner materiellen Geburt, zusammen erstellt haben, und ich deine Seele, da ich auf der geistigen Seite bin, diesen deinen Seelenplan stündlich, minütlich, ja sekündlich vor meinen Seelenaugen habe, weiß ich zu jedem Zeitpunkt, was auf deinem Plan steht. Wie würdest Du mich, deine Seele, einschätzen? Verschlafe ich ab und zu einmal etwas, vergesse ich etwas, denke ich an etwas nicht, oder wie empfindest Du mich? Kann man mir, der Seele, vertrauen? Ja, glaubst Du, dass ich sekündlich diesem deinem Seelenplan folge, ich sekündlich der geistigen Welt, den Erzengel-Energien, den Auftrag gebe, das für Dich Sinnvolle und Notwendige gemäß diesem Plan Dir hinzuführen? Sobald die gesamte Menschheit wieder weiß, dass sie Ausdruck des eigenen Seelenwesens ist, wird sich diese Welt vollkommen verändern, **denn der Zustand dieser eurer Welt ist nur aus einem einzigen Grunde so, weil die Menschheit Angst hat**. Alle Verhaltensmechanismen zeigen sich aus dieser tief sitzenden Angst, all eure Verträge, all eure Versicherungen gründen auf dieser Grundangst. Je mehr Ängste in einem Wesen sind, umso mehr meint es, durch scheinbare Sicherheiten diese Ängste in irgendeiner Art und Weise verdrängen zu können. Doch gerade das Verdrängen einer Angst macht sie ja größer und stärker. Dort, wo Angst ist, ist immer fehlendes Vertrauen, genauso verhält es sich mit Ungeduld. Dort, wo Ungeduld ist, ist fehlendes Vertrauen.

Wenn Du heute zu deinem Arbeitgeber gehen würdest und für nächstes Jahr vier Wochen Urlaub nehmen, vier Wochen Urlaub buchen, Geld von deinem Sparbuch nehmen und eine Weltreise bezahlen würdest, wenn Du heute schon wüsstest, dass Du nächstes Jahr vier Wochen eine Weltreise machen würdest und diese Reise bereits bezahlt und das Ticket schon hättest, wärst Du noch eine einzige Sekunde ungeduldig? Nein, Du wärst jede Sekunde in der Vorfreude, denn Du weißt ja mit absoluter Sicherheit, dass diese Reise stattfindet. Ungeduld entsteht immer dann, wenn Angst da ist, das Gewünschte nicht erhalten zu können. Ungeduld möchte das Erwünschte sofort haben, damit es sicher ist. So gesehen sind die beiden Hauptursachen für Euch Ungeduld oder Angst, wenn die Dinge nicht gemäß dessen in euer Leben treten, wie es Euch zusteht, wie Ihr es Euch wünscht. Nichts schiebt so sehr das zu Dir Gehörende von Dir weg wie Ungeduld oder Angst. Das ist in etwa so, als ob jemand Dir etwas Gutes hinhalten würde und Du würdest Dich einfach umdrehen. In dem Moment kannst Du es nicht in Empfang nehmen, weil Du es ja gar nicht siehst. Das bedeutet, je weniger Du ungeduldig bist und je weniger Du Angst hast, umso leichter fällt es Dir, all das anzunehmen, was Dir das Leben und damit ich, deine Seele, Gutes zu bieten hat. So heißt es für Dich, dass Du hineingehst in das Gefühl der Ungeduld und verstehst, dass es nicht Ungeduld ist, sondern in Wahrheit immer das Prinzip des dahinterliegenden fehlenden

Vertrauens. Dasselbe ist mit jeder Angst. Du hast nur Angst vor etwas, weil Du davon ausgehst, das Angsterfüllte, Erwartete könnte in dein Leben kommen. Du hast Angst, krank zu werden, Du hast Angst, keine finanziellen Mittel mehr zu haben und damit nicht mehr deine Miete bezahlen zu können. Du hast Angst, verlassen zu werden und dann allein sein zu müssen. Alle diese Ängste sind nur deswegen da, weil Du Dir in deiner Gegenwart etwas vorstellst, was in einer möglichen Zukunft sein könnte, doch die Wahrheit ist:

In der Gegenwart gibt es keine Angst. Denn jetzt gerade in deiner Gegenwart ist alles gut. Du bist genährt, Du kannst ein- und ausatmen, was das Wichtige ist, somit gibt es jetzt gerade in deiner Gegenwart nichts, was Du zu befürchten hättest, denn in der Gegenwart ist immer alles vorhanden. Somit gibt es Angst nur in der Zukunft, das bedeutet, Du kannst nur dann Angst haben, wenn Du es erlaubst, dass Du in deinem Bewusstsein nicht in der Gegenwart bist, sondern in die Zukunft gehst. Doch Du selbst kannst ja dein Bewusstsein lenken, das bedeutet, wenn Du fühlst, dass Du Angst hast, weißt Du ab jetzt, dass Du mit deinem Bewusstsein in der Zukunft bist. Das verhilft Dir zu sagen, ich geh wieder aus der Zukunft in die Gegenwart, und in meiner Gegenwart ist jetzt gerade alles sicher, alles gut. Erkennst Du, welch große Macht in deinem Bewusstsein liegt, welch große Macht Du über dein Leben hast, wenn Du deine Gedanken ausrichtest?

Dort, wo Du dein Bewusstsein hinlenkst, dort ist Vertrauen oder Angst. Kannst Du Dir vorstellen, dass Du dies trainieren kannst, dass Du es üben kannst, in der Gegenwart zu sein, dass Du üben kannst, Dich immer und immer wieder, wenn Du Dich in Angst oder Ungeduld befindest, daran zu erinnern, dass Du jetzt gerade in der Zukunft bist und Du in dem Moment sagst:

Gut, jetzt kehre ich zurück in die Gegenwart. Und jetzt gerade in meiner Gegenwart geht es mir gut. Ich habe etwas gegessen, ich habe etwas getrunken, ich kann ein- und ausatmen, ich habe keine Schmerzen, also ist in der Gegenwart alles gut. Ich bin in der Gegenwart in Sicherheit. Du könntest noch einen weiteren Schritt gehen, indem Du sagst, ich selbst bin ja ein Ausdruck meiner Seele. Meine Seele ist immer da, meine Seele wirkt für mich, sie ist für mich noch einfühlsamer und beschützender, als es jede Mutter sein könnte. Meine Seele liebt mich, und weil sie mich liebt, ist sie daran interessiert, dass es mir gut geht. Wenn ich eins bin mit meiner Seele, kann sie mich über die Intuition, die innere Stimme führen und leiten. Somit kannst Du gerade erkennen, dass dein wirkliches und einziges Problem ist, dass Du sehr oft denkst, dass Du alles alleine machen musst, dass Du selbst für alles verantwortlich bist, dass Du etwas tun oder nicht tun musst, dass Du eine Entscheidung treffen musst oder nicht. **Doch die Wahrheit ist, dass ja bereits längst auf Seelenebene alles vorbereitet ist, bereits auf Seelenebene von Dir selbst entschieden worden ist, welches Leben Du führen wirst und welche gravierenden, hauptsächlichen Erfahrungen Du machen wirst.** Also wäre es doch viel einfacher, ähnlich wie Ihr es tut, wenn Ihr eine CD oder eine DVD eingelegt habt. Ihr vertraut doch darauf, dass das, was auf der CD oder auf der DVD vorhanden ist, sich dann zeigt.

Wer von Euch würde aus Angst die CD auseinander nehmen, um hineinzuschauen, was sich darin befindet? Dasselbe solltest Du mit deinem Seelenplan tun, darauf vertrauen, dass der Seelenplan längst eine beschlossene Sache ist, d.h. vor deiner eigenen Inkarnation von Dir beschlossen wurde, und dass dieser Seelenplan alles beinhaltet, was sinnvoll ist. Würdest Du diese Einstellung haben, dann würdest Du in jeder Sekunde deines Lebens wissen, dass jetzt, morgen und übermorgen, immer nur tief Sinnvolles in dein Leben kommt gemäß dem Seelenplan, den Du Dir ja selbst vorgenommen hast. Würdest Du Dir das vor Augen führen, würdest Du mehr und mehr in einen Zustand der inneren Sicherheit kommen und auch in einen Zustand des Vertrauens, denn Du weißt ja, alles, was abläuft, läuft ab, weil Du selbst es Dir ja vorgenommen hast in einem Bewusstseinszustand, wo Du sehr genau wusstest, was gut für Dich ist. Der Bewusstseinszustand vor deiner Geburt und jetzt unterscheidet sich ja gravierend. Kannst Du hier und jetzt für Dich annehmen, dass Du Dir als geistiges Wesen, das Dich ja bereits vor deiner Geburt gegeben hat, selbst einen Erfahrungsplan auferlegt hast, und zwar einen alten, der sich erfüllt hat, und einen neuen, der gerade dabei ist, sich in Erfüllung zu bringen? Kannst Du gerade für Dich annehmen, dass dieser Plan tief sinnvoll ist, da er ja von Dir selbst gewählt ist in einem hohen Schöpfungszustand, denn vor der Geburt warst Du ja nicht in deinem menschlichen Bewusstsein wie jetzt, sondern außerkörperlich in deinem Schöpfungsbewusstsein, in deinem geistigen Bewusstsein. So gesehen kannst Du Dir selbst jetzt vertrauen, dass Du vorher, vor deiner Geburt, weil Du in einem weisen Zustand warst, klare Entscheidungen getroffen hast, was Du erfahren wirst und dass Du jetzt diese Erfahrungen machst, je mehr Du deiner Intuition folgst. Und wenn Du mutig bist, wenn Du immer wieder Altes gehen lässt und Dich dem Neuen öffnest, wenn Du Dich von deinem Herzen führen lässt und immer auf dein Herz hörst, immer dann, wenn Du ein gutes Gefühl hast, entscheidest Du Dich für Ja und wenn Du ein ungutes Gefühl hast, entscheidest Du Dich für Nein oder für Abwarten – noch nicht. Du könntest das verstärken, indem Du Dir folgende Bejahung und Beabsichtigung gibst, indem Du selbst sagst:

Alles, was ich wirklich brauche, kommt immer zu mir. Wir können es gemeinsam bejahen:

Alles, was immer ich brauche, kommt zum besten Zeitpunkt zu mir. Alle Menschen und Situationen kommen stets zu mir, sobald die Zeit reif ist. Und ich werde immer fühlen, wenn die Zeit reif ist. Ein gutes Gefühl zeigt mir, ich sollte handeln. Ein ungutes Gefühl oder ein abstoßendes Gefühl zeigt mir, ich sollte noch abwarten, mir Zeit lassen, hinschauen.

Je mehr Ihr Euch auf dieses ausrichtet, werdet Ihr mehr und mehr feststellen, wie eine innere Gelassenheit entsteht. Ihr werdet Euch mehr und mehr zurücklehnen und beobachten, ja, Ihr werdet sogar zum Beobachter eures eigenen Lebens. Nichts ist so wertvoll, als das eigene Leben zu beobachten aus einer quasi neutralen Sicht, denn damit wirst Du mehr und mehr aus deinem menschlichen Sein überwechseln in dein göttliches Sein. Und ein Leben zu führen aus einer göttlichen Sichtweise heraus, ist wahrhaft ein Leben wie im Paradies, denn diese Sichtweise einzunehmen bedeutet gleichzeitig, alle Ängste zu verlieren. Denn aus der Seelensicht heraus zu leben bedeutet, zu wissen, dass alles immer gut und sinnvoll ist, dass niemals eine Fehlentscheidung getroffen werden kann, sondern dass alles immer sinnvoll ist oder sinnlos, doch das Sinnlose zeigt sich Dir sehr schnell. Sinnvolle Lebenserfahrungen zeigen sich in einem guten Gefühl, sinnlose in einem unguten Gefühl. Sinnvolle Lebenserfahrungen zeigen sich in einem Geführtwerden und durch sogenannte Fügungen. Es geschieht von selbst, es ergibt sich scheinbar von selbst. Je mehr Fügungen Du in deinem Leben erlebst, umso mehr bestätigt Dir dies, dass Du Dich auf deinem Seelen- oder Herzensweg befindest. Je mehr Du ins Vertrauen gehst, umso mehr kann ich, die Seele, für Dich wirken. Es ist so, als ob dein Vertrauen mir die Fähigkeit und die Macht gibt, für Dich zu wirken. Und es ist so, dass dein Misstrauen oder deine Angst mir eher die Kompetenz entzieht. So wird es Dir auch helfen, Dich immer wieder daran zu erinnern, dass alles in deinem Leben seelengeführt ist, alles. Und weil alles seelengeführt, von mir, der Seele, geführt ist, ist alles tief sinnvoll. Und weil alles tief sinnvoll ist, was zu Dir kommt, kannst Du immer darauf vertrauen, dass nur das Sinnvolle zu Dir kommt. Immer, wenn Du feststellst, dass eine Sache für Dich noch nicht stimmig ist und Du erst einmal nein sagst oder abwartest, wirst Du feststellen, dass das Sinnvolle wieder zu Dir kommt. Du kannst das Sinnvolle gar nicht von Dir abhalten, es wird wieder und wieder kommen, und das ist ja wieder die Bestätigung. Sage ruhig einmal zu einer Sache oder einem Menschen nein, und

Du wirst feststellen, wenn es zu Dir gehört, wird es wiederkommen. Gerade dann, wenn Du Dir unsicher bist, ist das Nein besser als das Vielleicht oder das Jein, wo Du danach kein gutes Gefühl hast. Auch zur Prüfung eines Freundes benutze öfter mal ein Nein, denn Du wirst feststellen, ein wahrer Freund wird das Nein akzeptieren. Ist jemand nicht wirklich dein Freund auf Herzensebene, wird er dein Nein niemals akzeptieren. Ja, ganz im Gegenteil, dein Nein wird diesen Menschen fast aggressiv machen. Sei immer in der Mitte. In der Mitte bedeutet, sei im Vertrauen. Sei im Vertrauen, weil Du weißt, dass alles Dir zugeführt ist, weil Du weißt, dass Du in Einheit bist mit deiner Seele, weil Du ja gar nicht ohne deine Seele leben könntest.

An deinem eigenen Atem kann ich, deine Seele, es Dir am leichtesten verdeutlichen. Versuche einmal für längere Zeit, deinen Atem zu kontrollieren, nur noch einzuatmen oder nur noch auszuatmen. Du wirst feststellen, es ist unmöglich. Gerade der Atem zeigt Dir am deutlichsten, wie sehr Du auf das Wesentlichste überhaupt keinen Einfluss hast, denn Du wirst geatmet von mir, der Seele. Und wenn ich Dich schon beatme, warum sollte ich alles andere nicht auch tun? Ich gebe Dir permanent den Atem, den Du brauchst, um leben zu können. Du hast mich noch nie darum gebeten, dass ich Dich atme, aber Du vertraust darauf, dass bei jedem Ausatmen dann wieder genügend Einatmen zur Verfügung steht, und Du vertraust immer darauf, dass ich das tue. Du hast Dir noch nie Gedanken gemacht, dass ich dein Essen verdaue, denn das tust Du ja nicht selbst. Du hast noch niemals einen Gedanken verschwendet, dass ich dein Blut sich reinigen lasse. Die wirklich gravierenden Dinge, **die lebensnotwendig sind**, überlässt Du sowieso mir und hast Dir noch niemals Gedanken gemacht, ob ich das mal nicht tue. Du hast noch nie gezweifelt, dass ich mich nicht um diese Dinge kümmere. Warum machst Du es nicht einfach bei den weniger gravierenden Dingen in deinem Leben genauso? Ja, glaubst Du, dass ich, deine Seele, nicht weiß, dass Du für dein Überleben diese Euros brauchst? Ich weiß es genauso wie ich weiß, dass Du für dein Überleben Luft brauchst, Sauerstoff. Führe ich Dir diesen Sauerstoff nicht immer zu? Ja. Genauso kann ich Dir jede Art von Euros zuführen. Ich kann Dir jede Art von Lebensumständen zuführen, ja, ich kann Dir sogar jede Art von Mensch zuführen, den Du möchtest. Abhängig ist es von deinem Vertrauen in mich, die Seele, so würdest Du Dir sehr Gutes tun, wenn Du Dich mehr mit dem Vertrauen in mich, deine Seele, beschäftigst als mit allem anderen. Denn alles andere ist völlig ohne Bedeutung. Doch bist Du in Einheit wieder im Vertrauen in mich, die Seele, hast Du die Grundlage für dein weiteres Leben geschaffen. Denke an den Atem. Gerade beim wirklich Lebensnotwendigen machst Du Dir keine Gedanken. So denke doch heute immer wieder mal daran und mach es Dir bewusst:

Ich atme gerade, atmen kann ich nur, weil meine Seele mir den Atem zur Verfügung stellt. Und da sie das tut, wird sie alles andere mir auch zur Verfügung stellen. So solltest Du mit mir, deiner Seele, wirken, im 100%igen Vertrauen, dass nach jedem Ausatmen wieder genügend Einatmen zur Verfügung gestellt wird. Auch können wir am Atem sehr gut das Prinzip des Vakuums erkennen. Ihr alle beatmet doch gerade jetzt diesen Raum, was bedeutet es in Wirklichkeit? Es ist doch auf physikalischer Ebene so, dass Ihr permanent diesem Raum Sauerstoff entzieht, ihn noch dazu umwandelt in Stickstoff. Trotzdem ist immer genügend Sauerstoff in diesem Raum. Selbst wenn Ihr Euch jetzt 24 Stunden in diesem Raum aufhalten würdet, wäre immer genügend Sauerstoff da. Natürlich redet Ihr manchmal von etwas dicker Luft, aber dicke Luft führt noch nicht dazu, dass Ihr nicht mehr atmen könnt. Und so wird in diesem Raum immer wieder neue Luft, neuer Sauerstoff zugeführt und automatisch der Stickstoff wieder entzogen, das ist ja die Grundvoraussetzung dafür, dass Du leben kannst. Ja, wenn ich, die Seele, Dir deine Grundvoraussetzung, deinen Atem, permanent zur Verfügung stelle, warum sollte ich das in allen anderen Bereichen nicht tun? Hast Du Dir diese Frage schon einmal gestellt? Wenn nicht, würde ich es jetzt tun. Wenn die Seele das wirklich einzig Lebensnotwendige mir permanent zur Verfügung stellt, meinen Atem, warum sollte sie es bei anderen Dingen nicht tun? Diese Frage stelle Dir wieder und wieder.

Mehr brauchen wir Euch heute nicht zu übermitteln, denn wenn Ihr Euch das in den nächsten Tagen zu Bewusstsein führt, indem Ihr immer wieder bewusst einatmet und Euch selbst sagt:

Das wirklich einzig Notwendige, das ich brauche, meinen Atem, führt mir meine Seele immer zu, immer und immer wieder, an jedem Ort. Ich kann leicht länger ohne Wasser auskommen, ich kann leicht ohne Nahrung auskommen, aber nicht ohne Atem, und gerade das führt mir die Seele immer zu. Sie vergisst niemals, mich zu beatmen, nicht mal in der Nacht, wenn ich schlafe. Also wenn sie dieses Interesse hat, dass sie mich am Leben erhält, ja, dann wird sie das in all meine Lebensbereiche übertragen. Sie ist in allen Lebensbereichen daran interessiert, dass ich überlebe. Nun frage Dich noch:

Was brauche ich außer dem Atem, um zu überleben? In dieser Welt, in der Du Dich befindest, brauchst Du ein Dach über dem Kopf, in dieser Welt brauchst Du Nahrung, ja, Du brauchst sogar in dieser Welt Emotionalität, Nähe und damit Menschen um Dich. Da Du jetzt gerade gehört hast, dass es meine Aufgabe ist, als Seelenwesen Dir alles Lebensnotwendige zuzuführen, werde ich alles Lebensnotwendige außer dem Atem Dir ebenfalls zuführen. Da ich als deine Seele weiß, dass Du wieder den Atem brauchst, Du in dieser Welt, in der Du Dich befindest, diese materielle Basis brauchst, also Euros, werde ich Dir auch Euros in der Höhe zuführen, in der Du sie brauchst, oder in der Du sie zukünftig abrufst, weil Du mehr von ihnen brauchst, da Du dein Lebenssein verändern möchtest mehr und mehr in Fülle. Das ist in etwa so, als wenn Du deinen Atemrhythmus erhöhst und schneller atmest. Ja, was geschieht, wenn Du schneller atmest, gebe ich Dir weniger Atem oder mehr? Mehr. Also, was geschieht, wenn Du deinen Eurorhythmus beschleunigst, was werde ich tun? Ich werde Dir mehr Euros zuführen. Verstehst Du, dass alles miteinander zusammenhängt, denn alles ist Energie. Dein Atem ist nichts anderes als Energie, jede Form von Materie oder auch Euros, wie Ihr sie nennt, sind nichts anderes als Energie. Und ich, dein Seelenwesen, bin nichts anderes als Energie. Du bist in aller Konsequenz nichts anderes als Energie. Und so könntest Du jetzt Folgendes sagen und immer wiederholen, um Dich daran zu erinnern:

In meinem Hier und Jetzt habe ich vollkommen verstanden, dass Du, meine Seele, da bist, für mich wirkst und mir immer alles zuführst, was ich brauche, so wie Du es mit dem wirklich Notwendigem, meinem Atem, auch tust. Diese Erkenntnis verankere ich jetzt in meinem Sein. Und sollte ich wieder in Angst oder Ungeduld kommen, werde ich einfach tief einatmen und mich in dem Moment an den Atem erinnern. Und wenn ich mich dann an den Atem erinnere, erinnere ich mich an Dich, meine Seele. Wenn ich mich an Dich, meine Seele, erinnere, erinnere ich mich, dass alles da ist, was ich brauche.

So einfach. Und jetzt weißt Du auch, dass Du niemals in deinem Leben allein warst oder allein sein wirst. Du weißt, dass ich, die Seele, immer da bin, immer.

Und nun werde ich, deine Seele, für kurze Zeit die Schleier lüften, damit jetzt die geistige Welt, dein Schutzengel, deine geistigen Führer, diesen Raum betreten können, was sie jetzt tun, denn sie haben sich an deine Seite gestellt, und sie kommen Dir nun sehr nahe, ja, sie umarmen Dich, und Du fühlst jetzt ihre Nähe und Liebe. Und ich, deine Seele, lege jetzt meine Seelenhände um Dich, um Dir zu sagen, dass Du immer beschützt bist durch mich. Ganz sanft wiege ich Dich nun in meinen Seelenhänden. Und ich sage Dir:

Vertraue mir und alles ist gut. Lass dein Vertrauen in mich, deine Seele, wachsen, wachsen und wachsen wie eine Blume. Denn, wenn Du mir, der Seele vertraust, ist alles gut.

Dies war, was wir Euch heute vermitteln wollten und vermittelt haben, denn wir wissen, dass dies dein Sein nun verändert. Aus der Angst und aus der Ungeduld in das Vertrauen zu gehen, verändert deine Welt, und weil Du deine Welt veränderst, veränderst Du die große Welt, denn beide Welten hängen direkt zusammen. Die kleine Welt beeinflusst die große Welt, die große Welt beeinflusst die kleine Welt. Dies ist eine große Wahrheit, dass alles miteinander verbunden ist. So lebe mich, die Seele, fühle mich, die Seele, und vertraue mir, der Seele, und ich sage Dir, Du bist gesegnet für dein Sein, jetzt.

Über den Sinn deines Hierseins – Worte Yeshuas

„Seit Anbeginn der Zeit war es vorhergesagt und auserkoren, dass sich in Zeit und Raum nun abspielt, was sich abspielen muss, da es längst vorhergesehen und vorhergesagt ist. Dieses Experiment, in dem höchstes Schöpfungsbewusstsein sich so sehr verdichtete, dass es sein eigenes Schöpfungsbewusstsein vollkommen vergaß, in dieser Welt der Dimension der Drei, in dem es scheinbar keine Schöpfermacht gibt, in dieser Welt hat sich in unendlicher Zeit eigenständiges Sein, eigenständiges Bewusstsein entwickelt, das scheinbar getrennt ist und war von der Quelle selbst. Doch dieses Experiment, selbst von der Quelle erschaffen, kehrt jetzt gerade zurück zum Ausgangspunkt und schließt sich damit ab oder vollbringt sich nun selbst. Für Dich und für

Euch alle heißt dies, dass jetzt gerade die Heimkehr ansteht, denn die Quelle selbst ruft ihre Engel heimzukehren. Längst haben wir, die Erzengel, dieses System durchdrungen, halten es mit unseren Energien, längst wäre auf der Dimension der Drei dieses System tot. Doch längst ist dieses gesamte System in der Obhut von uns. Wir, die Erzengel, halten Mutter Erde, denn sie ist längst aus ihren polaren Achsen herausgegangen und schwebt jetzt so gesehen in einem luftleeren Raum. Als dies das letzte Mal geschehen ist, kam es zu einem Polsprung, der in den Annalen der Zeit hinterlegt ist. Ja, selbst eure Wissenschaft wird Euch das bestätigen, dass es einen Polsprung, ja, mehrere Polsprünge gegeben hat auf der reinen materiellen Ebene. Doch zum ersten Mal gab es an eurem Datum, das Euch so bekannt ist, einen Polsprung ausschließlich auf geistiger Ebene, nicht auf der materiellen. Dadurch hat sich alles verändert, denn die Spielregeln sind jetzt neu. Dieser materielle Polsprung konnte nicht stattfinden, weil die jemals mögliche höchste Zahl an Hütern und Hüterinnen sich gleichzeitig im System befinden, denn niemals zuvor war gleichzeitig diese große Anzahl von Hütern und Hüterinnen inkarniert in einem Körper, selbst im System anwesend.

Und zu Dir sagen wir, erinnere Dich, wer Du bist. Erkenne, welch alte Seele Du bist. Fühle in deinem Herzen, dass es wahr ist, wer Du bist. Fühle, dass es für Dich gut war, Dich bis zum heutigen Tag zu bedecken. Doch nun ab heute lege jetzt alles ab, was Dich bisher bedeckt hielt, lege ab den Mantel, die Ummantelung, die Du bisher getragen hattest, um dein Licht zu verbergen, denn dein Licht durfte nicht vor der Zeit leuchten. Ich habe Euch gesagt, seid wie die Jungfrau jederzeit bereit, denn es kennt niemand weder Zeit noch Ort, wann der Wandel kommt, so sei immer bereit. Für Dich ist dieser Tag, dieser Zeitpunkt hier und heute. Du hast Dich, ohne es zu wissen, darauf vorbereitet, und jetzt lege deinen Mantel ab, lass ihn einfach fallen und lasse dein Licht leuchten, lass es jetzt leuchten, fühle, dass Du reines Licht bist, lass das Licht aus deinem Herzen hervor strömen. Gerade dein Herz musstest Du verschließen, denn dort ist ja das Licht selbst verankert. Das Seelenlicht in Dir musste so klein werden, damit es nicht gesehen werden konnte, doch jetzt kannst Du es wieder zeigen. So lass jetzt das Licht in deinem Herzen scheinen, auf dass alle es sehen. Fühle, wie sich in deinem Herzen nun das innere Seelenlicht entfaltet, stärker und stärker, größer und größer, bis es dein gesamtes Herz einnimmt. Wenn Du jetzt in deinem Herzen diesen Druck, ja, Schmerzen spürst, dann lass es gut sein, lass jetzt das Seelenlicht alle Schmerzen, alle Verletzungen heilen. Fühle jetzt, wie dein Herz wie neu geboren wird, fühle, wie es größer und größer wird, fühle, als ob es aufgeblasen wird, und alle Verletzungen, alle Kerben, die es erlitten hat, werden jetzt einfach geheilt. Nun sieh, wie dein Herz wieder vollkommen rein ist, ohne jede Schramme, ohne jeden Kratzer, ohne jede Kerbe. Fühle jetzt, wie Du wieder tief durchatmen kannst, wie Du wieder tiefer und tiefer atmen kannst, fühle, wie Du mit jedem weiteren Einatmen nun größer und größer wirst. Fühle, wie Du jetzt mit jedem weiteren Einatmen, dadurch dass Du größer und größer wirst, aus deinem Körper hinausgehst, am besten jetzt. Fühle, dass Du mit jedem weiteren

Einatmen diesen Raum einnimmst. Und nun erinnere Dich, dass Du schon einmal in einer Pyramide warst und den Raum eingenommen hast. Schräge Wände wahrzunehmen ist vollkommen anders als gerade Wände, die Dich umgeben. Erkenne nun, dass die Pyramide die älteste Form der Einweihung ist. Erkenne, dass die Pyramide das Symbol von Wahrheit und Weisheit ist. Und nun erkennst Du die zwei Hauptkräfte, die da sind: **Weisheit und Liebe**.

Die Liebe ist in deinem Herzen, Weisheit und Wahrheit umgeben Dich, und nun verbinde alles miteinander. Lasse Dich und dein Herz so groß sein wie dieser gesamte Raum, ja, geh noch weiter und lasse Dich und dein Sein diese gesamte Pyramide sein. Nun fühle, dass Du jetzt einfach nur noch ein Gefühl bist, das Gefühl ist Liebe. Bei jedem weiteren Einatmen fühlst Du mehr und mehr, dass Du Liebe bist. Bei jedem Einatmen fühlst Du mehr und mehr, dass Du Dich selbst liebst, diesen Körper liebst, dein Leben liebst. Und in dem Moment, wo Du Dich selbst und dein Leben liebst, gib nun aus dieser Liebe alles frei, alles, was in Dir ist, und alles, was Dich umgibt, seien es Situationen, Wesen, Menschen – Du lässt jetzt aus Liebe alles frei. Wenn Du möchtest, kannst Du es noch bestätigen, indem Du es sogar aussprichst:

Aus meinem wahren Sein sage ich jetzt, der Mensch und auch das vollkommene Sein, ich gebe jetzt alles frei. Alle Lebensumstände, alle Menschen, alle Situationen sind jetzt frei. Nichts ist mehr an mich gebunden, denn jetzt ist alles frei.

Atme tief ein und aus und fühle, wie jetzt alles in die Freiheit geht. Fühle, wie alle Ketten abfallen, alles, was Dich bisher klein gemacht hat. Fühle nun, wie Du wächst und wächst, wie Du größer und größer wirst. Fühle nun, wie sich dein inneres Seelenwesen entfaltet, aufsteht und weit über diesen Raum hinausgeht. Und wenn Du möchtest, kannst Du nun sagen:

Nun weiß ich wieder, wer ich bin. Und ich lebe jetzt, was ich bin, denn ich bin, was ich bin. Ich bin das ICH BIN. Jetzt.

So hat Dich dieser Augenblick vollkommen verändert, und es erfüllt sich, was Yeshua uns vorhergesagt hat:

Wenn ich wiederkomme, werde ich die Wahrheit mit mir bringen, und die Wahrheit wird Dich befreien. Und jetzt gerade hast Du selbst erfahren, dass Dich die Wahrheit befreit. Die Wahrheit darüber, wer Du bist, befreit dein Sein. Du wirst ab heute ein neues Leben leben, denn dein altes Leben gibt es so nicht mehr. Du wirst Dich ab heute zeigen. Und dein Dich Zeigen wird so vielen Menschen um Dich herum Kraft und Mut geben, sich auch zu zeigen. Und war es nicht so, dass sich bisher in der gesamten Menschheitsgeschichte dann etwas verändert hat, wenn sich einfach viele gezeigt haben? In Frankreich haben sich viele gezeigt, dort war es aber noch sehr disharmonisch. In den neuen Bundesländern haben sich viele gezeigt, und es war harmonisch, denn in der neuen Energie wird sich durch das sich Zeigen, das Aufstehen alles in Harmonie verändern. Gerade das, was hier in diesem Lande, in Deutschland, geschehen ist, als in einem Teil der neuen Bundesländer, des neuen Bundes, Menschen gesagt haben *„Wir sind das Volk"*, das brachte diese Veränderung, die Freiheit für alle. Nun steht kollektiv die gesamte Menschheit, doch zuerst ein Teil der Menschheit auf und sagt:

„Wir sind diese Welt, und es ist unsere Welt." Und dies wird der gesamten Menschheit die Freiheit bringen. So sage ich durch den Mund dieses Mediums der geistigen Welt, dass es mein Auftrag ist, Dich daran zu erinnern, wer Du bist, gerade jetzt, in Dir den Mut zu entfachen, zu nehmen, was Du schon lange in Dir fühlst, und zu Dir zu sagen, wie ich es zu Lazarus gesagt habe: *Komm heraus!*

So bitte ich Dich und Euch alle: Steht auf und lebt euer Leben. Lebt es in Selbstliebe, in Selbstakzeptanz und in Selbstrespekt. Zeigt den Menschen um Euch, was es bedeutet, in der Selbstliebe zu sein, was es bedeutet, sich selbst zu ehren, mutig zu sein. Zeigt der Menschheit, was es bedeutet, ein Christus zu sein, ein sich selbst liebendes Schöpferwesen, das keine Kompromisse kennt, in keiner Form. Lebe in vollkommenem Vertrauen in deine Seele in dem Wissen, dass sie vollmächtig für Dich wirkt, sobald Du ihr alles übergibst und ihr vertraust. Geh in die Veränderung, wo überall Du fühlst, dass Veränderung angesagt ist, geh dort in die Klärung, wo Du fühlst, dass Klärung dringend ansteht, und Du wirst sehen, dass dein Mut alles verändert, dass deine Wahrheit alles in die Wahrheit bringt. Und dann geh hinaus, lasse dein Licht leuchten vor den Menschen, sage deine Wahrheit, sage ihnen, dass jetzt diese neue Zeit gekommen ist, in der alles anders ist, weil ihr anders seid. Das ist meine Bitte an Euch.

In Liebe, die uns seit Anbeginn verbindet,
ICH Yeshua für Dich."

Der endgültige Preis für die Freiheit aller

„Dann, mein SEIN, höre die Worte von MIR, deiner SEELE, und erfahre sofortige Heilung. Ja, all dies bisher von Dir und MIR Erbrachte ist und war dies zu Erbringende als Voraussetzung zur Heilung dieser Welt. All deine seelischen Schmerzen, all die erlittene Pein waren der endgültige Preis, der für die Freiheit dieser Welt und ihrer Menschen zu entrichten war. Doch dies war nun genug. Ungeheure Mengen an disharmonischen Energien wurden so durch Dich und die Vielen verwandelt. Ja, es ist hierbei sogar ein Guthaben entstanden. Dies braucht es, denn die neue Welt kann nur gedeihen auf einem Boden, der durchdrungen ist von Freude.

Alles sich bisher bei Dir und ihnen allen Ergebende war die zu erbringende Basis, das Fundament, auf welchem ich jetzt diese neue Welt aufbauen kann. Alles Erfahrene, ja wirklich alles, war tief sinnvoll, so notwendig und somit frei von, wie Du so gerne betonen würdest, Fehlern oder Fehlentscheidungen. Es war dies die zu erbringende Vorarbeit gewesen, doch diese ist jetzt wahrhaft erbracht, geleistet von Euch allen. Doch was nun?

Stell Dir vor – natürlich Ihr alle –, dass ICH, deine SEELE, nun vor Dir stehe mit leuchtenden Augen, Dich liebevoll anlächele und Dich ohne Worte frage:

Was wünscht Du Dir von MIR?“

[Hier wäre es angebracht, dass Du diese wundervolle Gelegenheit sofort nutzt, und alle deine Herzenswünsche jetzt sofort voller

Liebe, Freude und Vertrauen an deine Seele in schriftlicher Form übergibst.]

„Was nun? Ganz einfach, Du hast MIR dies zu Dir Gehörende bestätigt und ICH erfülle es für Dich. Am besten gib mir noch deinen Auftrag."

[*Dies alles, meine geliebte Seele, bitte ich Dich, jetzt zu mir zu führen. Lass es mich jetzt erfahren. Danke!*] *Dann ist es bereits erfüllt!*

„In tiefer Liebe, deine SEELE, die Seele aus Gott."

An sie, die Göttlichen – Der bewusste Kontakt

„Höre und gib sie weiter, denn diese unsere Worte sind wahrhaft die Befreiung für sie, die *Göttlichen*. Seit unendlicher Zeit sind gerade sie es, die das Spiel des Lebens spielen. Doch noch nie gab es da so viel Klarheit über den Sinn, den Nutzen dieses Spiels. Die Regeln wurden aufgestellt, lange bevor dieses Spiel selbst begann, um etwas zu erlangen, was es so vorher gar nicht gab. Was gab es vorher in der Art so nicht und hat sich nun ganz oder teilweise gebildet? Die Antwort auf diese Frage ist auch der Grund deines, ja eures Hierseins! Diese eure Welt, aber noch mehr eure Anwesenheit ist so tief sinnvoll, denn in ihr ist, besser war möglich, was es ja so vorher gar nicht gab: Bewusstheit. Diese zu erlangen war nur möglich durch völlig unterschiedliche Erfahrungen, ja, Erfahrungen von sehr unterschiedlichen

SEINS-Zuständen, die einander bedingten, da sie aufeinander aufbauten – verschiedene Universen in unterschiedlichen Dimensionen. Für ein menschliches Bewusstsein ist diese große Erfahrungsvielfalt in Euch allen unvorstellbar, sie macht Euch selbst zu Göttern, doch was nützt und wem nützt dies alles?

Vielleicht ist dies so gesehen die zentralste Frage, wenn sie auch so bisher nie gestellt wurde. Doch ist es nicht unsere Hauptaufgabe, Euch Wahrheit zu übergeben, die so bisher nie vermittelt wurde? Doch WIR sind erst am Anfang, was die Übermittlung von wahrer Wahrheit betrifft, denn all das bisher Übermittelte betraf ja dein und euer aller SEIN im Rahmen der Jetzt-Inkarnation. Vieles über Dich selbst, dein Wesen, euer aller Wesen konnte bisher keine Beachtung finden, da es mehr Verwirrung als Nutzen gebracht hätte. So ist es immer, gerade wenn es um Wahrheit geht. Nie ist die Wahrheit von Bedeutung, immer ist es auch und vor allem der Übermittlungszeitpunkt. Zu früh schafft es Verwirrung, zu spät Enttäuschung. Zum rechten Zeitpunkt ergibt sich Befreiung. Und ist nicht Befreiung durch Erkenntnis das große Ziel? Der bewusst herbeigeführte Kontakt zu UNS, zu deinem inneren Wesen, zur Seele, verändert alles, denn dieser Kontakt braucht immer zuerst das Erkennen deines wahren Wesens, deines übergeordneten SEINS. Diese Erkenntnis ist der Punkt der wahren Veränderung, denn erst dann hast Du wieder Zugriff zu deiner wahren Schöpfermacht. Dies Erkennen deines wahren Wesens verlagert dein Bewusstsein vom materiellen Tun hin zum geistigen Erschaffen. Ist dieser Punkt einmal vollzogen, ist es nur noch eine Frage der Zeit, besser deiner bewussten Aufmerksamkeit, wie schnell Du vom materiellen Tun endgültig auf das rein geistige Erschaffen wechselst. Dies ist gerade in eurer Welt der Veränderung das alles Entscheidende! Eine große Zahl von Bewussten, die sich alle ihres wahren Wesens bewusst sind und aus ihrem geistigen SEIN heraus erschaffen, zuerst ihr eigenes Leben und dann erst dies kollektive gemeinsam."

Achte auf dies Dich ungut Fühlen

„Der Seelenweg ist ein Weg der Entwicklung seit Anbeginn, doch er ist auch der Weg der sich entwickelnden Menschheit. Diese war bisher kollektiv gesehen unreif. Dies stellt die Gesamtbetrachtungsweise dar. Doch gerade in diesem Jahr des endgültigen Übergangs wird sie zum ersten Mal reif. Dazu braucht es diese Reifeprüfung. Gerade diese wird abgelegt von gar vielen. Wie immer braucht es dabei so etwas wie das kollektive Szenario, und dies wird zur Verfügung gestellt durch Dich und die Vielen, die da auch die deinen sind. Wie Du siehst, liegt alles an deinem Denken. Es ist wahrhaft nicht einfach, nicht an etwas zu denken, aber es ist sehr leicht, an etwas anderes zu denken. Dies ist der Schlüssel für alles. Die Selbsterfüllung von all dem von Dir so sehr Gewünschten hängt von deiner Aufmerksamkeit bei deinen Gedanken ab. Sie stets zu verändern, neu auszurichten, vor allem dann, wenn ich Dich durch dieses schlechte Gefühl warne, dies ist der Schlüssel. Alles ist bestens, sobald Du Dich klar auf das von Dir Gewünschte ausgerichtet hast.

Nur dein Gefühl des Dich schlecht Fühlens zeigt Dir die zu dieser Zeit falsche Ausrichtung an, damit Du Dich von diesem für Dich Sinnlosen abwenden kannst, indem Du wieder deine Gedanken, besser deine Vorstellung auf dies Sinnvolle, von Dir Gewünschte ausrichten kannst. So einfach, so sinnvoll und auch so wertvoll! Dies ist dein Schlüssel, lebe ihn und gib ihn an alle die weiter, die Dir bereits folgen, denn sie werden verstehen, annehmen und dies selbst umsetzen."

Ein hoher Bewusstseinsgrad bedingt die Wahl der gedanklichen Ausrichtung

„Du hast MICH, deine Seele, mit einem so liebevollen Herzen um gesegnete Worte gebeten, und hier sind sie:

Vergiss allen Schmerz und alles Leid, alle Angst, denn sie alle sind nur eine Illusion. Die einzig wahre Realität, das sind Du und ICH. Alles andere ist ohne Bedeutung. Deine Ausrichtung alleine bestimmt mein Wirken für Dich. Dies liegt an deinem hohen Schwingungslevel, der durch deine Bewusstheit erreicht wurde. Auch hier hast Du den höchstmöglichen Level erreicht. Dadurch ist der Selbstschutz, der bei Unbewusstheit jetzt noch wirkt, aufgehoben. Dein **so hoher Bewusstseinsgrad bedingt die Wahl der gedanklichen Ausrichtung.** Die Selbstverantwortung ist bei diesem hohen Bewusstseinsgrad exorbitant hoch, doch deine Seelenliebe, verbunden mit deinem Wunsch nach Hilfe, lässt MICH, die Seele, sofort machtvoll wirken für Dich. Wisse, bewahre es in deinem Herzen, lebe es in jeder Sekunde deines weiteren SEINS. ICH bin deine Seele, und MIR ganz alleine obliegt es, Dich zu führen, und da ist **nur** Sinnvolles!

[*Es ist unsere oberste Aufgabe, uns jeden Tag wohl zu fühlen, glücklich, erfüllt, reich, gesund zu sein. Dann haben wir ein hohes Schwingungslevel und ziehen nach dem Gesetz der Anziehung hohe Erfahrungen zu uns. Die Verbindung zu unserem inneren Wesen, der Seele, hängt davon ab, ob wir Gedanken denken, die in Einheit mit unseren Wünschen sind. Unsere Seele entzieht sich uns, sobald wir Gedanken denken, die gegen unsere Wünsche sind, und sie zeigt uns dies sehr deutlich, indem sie uns negativ fühlen lässt. Je schlechter wir uns fühlen, umso weiter sind wir von unseren Wünschen entfernt, quasi auf Gegenkurs. Je öfter wir uns schlecht fühlen, zeigt uns, wie oft wir es geschehen lassen, dass wir uns von unseren Wünschen, unseren Hauptinteressen entfernen.*]

Die Erweckung der *An kana Te*

„Sei gegrüßt, der Du gerade diese Worte hörst oder liest, von UNS allen und wisse, dass je mehr Du jetzt gerade gibst, einbringst mit tiefer Freude, umso mehr fließt Dir hin, wird Dir gegeben als kosmische *Wiedergutmachung* für deine Bereitschaft, Dich einzubringen. Es ist dies deine oder besser euer aller Zeit, die Zeit der ***kosmischen Fülle***. Bei all eurem Einbringen für dies große Ganze bringt dies, wie Ihr sagen würdet, den 100-fachen Einsatz, da dies die Zeit mit sich bringt.

Nun noch etwas sehr Wesentliches für Euch. Seid ganz mit eurem Herzen bei dieser einen großen Aufgabe:

der *Erweckung der An kana Te.*

Dies ist es, was es alleine braucht und was für euer inneres SEIN wirkliche Bedeutung hat. Tut Ihr dies, werdet Ihr feststellen, dass Euch alles leicht gelingt, dass Euch große Freude erfüllt, durchflutet und Ihr Euch dadurch auf eurem Weg der Fügungen befindet oder wiederfindet. **Hebt hinweg alle möglichen Zweifel und Berechnungen und hört auf euer Fühlen, was es jeweils braucht.** Dann werden Euch die gemachten Erfahrungen lehren, wie tief sinnvoll dieses euer Leben, euer Wirken ist. Niemals zuvor geschah das, was gerade dabei ist, sich vor euer aller Augen zu verwirklichen, denn niemals zuvor war euer aller Erscheinen und Wirken so möglich! So seien Euch diese unsere Worte die Gewähr, dass gerade jetzt euer mutiges sich Einbringen, frei von allem grübelnden Erwägen, Euch in die Fülle und Freiheit des Augenblicks führt. Gebt mit Freude und immer mit dem Ziel vor Augen – die Befreiung der Menschheit. Dann gelingt Euch alles ganz leicht.

Dies sind unsere Worte für Dich, für Euch, WIR, die WIR in großer Zahl hier versammelt sind, um euer SEIN zu ehren, in ewiger Liebe, die verbundenen Erzengelkräfte, Seelen, euer Gefolge, eure Familie, Yeshua für Dich."

Lebe deinen Traum, gib ihm Kraft

[*Amrides, mein Freund, sage mir, wie erreichen wir weltweit die vielen An kana Te?*]

„Lebe deinen Traum, gib ihm Kraft. Sieh das alles bereits jetzt in deiner Vorstellungswelt, was Du Dir so sehr wünschst, zu erfahren. Das Tagträumen erschafft dann das tatsächlich Erlebte, zu Erlebende. Wisse, suche die **echte** Freude. Wo immer Du ihr begegnest oder sie finden kannst, alles ist Realität. Von Bedeutung ist bei und in allem immer nur der Grund, wofür Du es tust. Frage Dich stets dies:

- Wofür tue ich dies?
- Was soll es mir bringen?
- Ist der erkennbare Grund ein Grund zu feiern?

Fühlst Du wahre Freude, dann handele. Sei Freude und die Freude ist immer dein. Unterdrücke niemals aus Angst mögliche – ja es genügt bereits die Möglichkeit –, wahre Freude, sondern sei immer mutig, denn wenn etwas gerade jetzt belohnt wird, dann ist es Mut. Ihr hadert oft mit Euch selbst und auch mit uns. Obwohl es dazu keinen Grund gibt, ist es mehr als verständlich. Gerade Du und viele von Euch haben wie kaum ein anderes inkarniertes Wesen sehr komplexe, **für Euch sehr schwierige Rahmenbedingungen gewählt, besser wählen müssen**, da dieses bei eurer Aufgabe unabdingbar war! Wir an eurer Seite fühlen stets mit Euch, gerade dann sind wir Euch ganz nahe, legen unsere Hand auf eure Schulter. Und so möchte ich Dir und Euch allen, die Ihr jetzt gerade diese Worte lest, durch meine Worte Mut machen. Ihr und euer Wirken, Ihr werdet so sehr gebraucht, doch fast täglich ändern sich auf dieser Welt die Spielvoraussetzungen. So viele der Mitentscheidungsträger schwanken zwischen Kopf und Herz. Da das Herz, besser das eigene Gewissen, die Seele, hier stärker und stärker werden, braucht das menschliche Sein über die Energie der Angst immer mehr Energie. Die Kontrolle des rein menschlichen SEINS verliert mehr und mehr ihre Wirkung. Und gerade das versucht das Menschliche auszugleichen durch mehr und mehr Druck-Wellen, die in das eigene System hineinfließen. Große Kämpfe finden da statt, selbst in jenen, die bisher sehr resistent dagegen waren. Es ist wirklich nur noch eine Frage der Zeit, wie lange jeweils noch die aufgebauten *Gefühlsdämme* halten, die das menschliche SEIN gegen das Seelen-SEIN aufgebaut hat, um ja an der Macht zu bleiben. Du selbst kannst Dich ja nur zu gut daran erinnern, wie viel bei Dir nötig war, um das zu brechen. Gerade deshalb erhöhen WIR hier teilweise stündlich den *Seelendruck* bei so vielen. Das gab es so noch niemals zuvor, vor allem in diesem globalen Ausmaß.

Die Wahl deiner Gedanken bestimmt alles.

Immer in allen Inkarnationen, ja in allen, bestimmt die gedankliche Ausrichtung, wie ihr jeweils in der aktuellen Inkarnation mit dem Euch Umgebenden umgeht. So kann ich Dir auch für deine Jetzt-Inkarnation Folgendes vermitteln:

Achte auf diese **hauptsächlichen Gedanken**, die Du dein Bewusstsein denken lässt. **Die Wahl deiner Gedanken durch dein Bewusstsein bestimmt deine Resonanz und**

damit deine Erfahrungen. Tue alles, was Dir ein Gefühl der Freiheit, der Fülle, des Wertvollseins vermittelt. Dies beeinflusst alles andere auf enorme Weise.

Amrides, geistiger Führer.“

Die atlantische Epoche der Entwicklung des denkenden Menschen

„Weißt Du, warum Du jetzt diese Worte in dein Sein aufnimmst? Du bist hier, damit Du als das denkende Wesen, das Du bist, das aber nur ein Teil von Dir ist, jetzt in diesem Sein zu dem wirst, zurückkehrst, Dich einfindest in das, was Du auch bist. Jahrzehnte-, Jahrhunderte-, Jahrtausende lang wurde auf dieser Welt, in diesem Kosmos, in diesem geschlossenen System der atlantische Mensch entwickelt, und der atlantische Mensch ist der denkende Mensch, das denkende Wesen. Eine sehr lange Zeit gab es die Möglichkeit, in diesem System das zu entwickeln, was erst in dem entstanden ist oder möglich war, was Du oder Ihr alle als Atlantis bezeichnet, die atlantische Epoche. Sie wurde deswegen ins Leben gerufen, damit durch das Prinzip des Denkens etwas entstehen konnte, was vorher nicht da war. Denn bevor das atlantische Sein entstanden war, ins Leben gerufen wurde gab es das lemurische Sein. Das lemurische Sein war gekennzeichnet durch das Fühlen, das Fühlende Sein. Und zu deinem und euer aller Verständnis: Im lemurischen, im fühlenden Sein gab es keine Trennung, im lemurischen, im fühlenden Sein gab es, da es keine Trennung gab, auch keinen Zweifel. Und weil es dort keine Zweifel gab, gab es auch, da es keine Trennung gab, keine Polarität. Das polare Sein, das polare Wahrnehmen dieser Welt entstand erst in dem Moment, als das Denken entstand. Nun wirst Du etwas verstehen, was Du so noch nie wahrgenommen hast. Der Fall, der Auszug aus dem Paradies, wie Ihr es kennt, hat so gesehen anders stattgefunden, als es Euch gesagt oder wie es übermittelt wurde. Das paradiesische Sein war das lemurische. Und in diesem lemurischen, in diesem paradiesischen Sein wurde die Fähigkeit gegeben zu denken, und erst als das Denken möglich war, gab es Polarität, denn nur im Denken ist es möglich, Polarität wahrzunehmen, zwei Pole. Und diese Welt, in der Du Dich jetzt befindest, ist gerade dabei, an diesen Endzustand des möglichen Denkens zu gelangen und wieder zurückzukehren ins Paradies und damit wieder einen Schritt zurückzumachen in den Zustand, der vorher war, in das lemurische Sein. Ihr tragt beides natürlich in Euch, das atlantische und das lemurische Erbe, und jeder von Euch kann sich jetzt entscheiden, im atlantischen Sein zu sein und zu bleiben oder zurückzukehren, was bedeuten würde, wieder ins Paradies zurückzukehren. Es wäre auch nichts anderes als das, was Ihr kennt: die Geschichte vom verlorenen Sohn. Jetzt gerade ist die Menschheit dabei, weil Teile der Menschheit zurückkehren, kollektiv zurückzukehren. Das, was wir Dir jetzt gerade vermitteln, ist so gesehen höchste spirituelle Wahrheit, die in ihrer Deutlichkeit zum ersten Mal so an eine Gruppe von Menschen übermittelt wird, auf dass diese Wahrheit, die nun ausgesprochen werden kann, jeden von Euch heilt.

Was bedeutet Heilen? Nichts anderes als Euch wieder in den Bewusstseinszustand zurückzuführen, den Ihr hattet, bevor Ihr in der Trennung wart. Das bedeutet, dass es die wirkliche Trennung so gesehen gar nicht gibt, sie ist eine scheinbare. Du selbst kannst jetzt gerade entscheiden, was Du nun tun möchtest. Solange Du ein denkendes Wesen bleibst, bist Du in der Trennung, denn Du kannst nur im Denken zweifeln, und nur im Denken kannst Du für oder gegen etwas sein. Du kannst es Dir jetzt selbst bestätigen, dass das die Wahrheit ist, indem Du jetzt Folgendes tust. Du kannst es, wenn Du möchtest, verstärken, indem Du deine beiden Hände nimmst, sie an deine Stirn legst, am besten ganz weit die Fingerspitzen, die Fingerkuppen, und jetzt machst Du Folgendes. Sage, wenn Du möchtest:

Ich, das denkende Sein. Und wenn Du jetzt diese Worte aussprichst, nimm deine Hände und gehe mit ihnen in die Höhe deines Bauchnabels oder in die Höhe deines Herzens oder beides, eine Hand ans Herz, eine Hand in die Höhe vom Bauchnabel, und dann sage: *Ich, das denkende Wesen,* und dann bewege die Hände nach unten, geh nun ins Fühlen, und dann lege eine Hand auf dein Herz und eine Hand etwas tiefer. Ist Euch schon einmal aufgefallen, dass Ihr eine Redensart habt, wenn Ihr sagt *Hand aufs Herz?* Was meint ein Mensch, wenn er sagt: Hand aufs Herz? Ähnlich ist es, wenn er sagt: *Also, wenn ich ehrlich bin.* Beide Redensarten drücken dasselbe aus. Hand aufs Herz bedeutet, dass der Kopfmensch in sein Herz geht. Wann immer Du das tust in deinem Leben, wenn Du in einer Angelegenheit, in einer Sache oder wenn es um einen Menschen geht, nicht mehr sagst, *ich denke*, sondern *in dieser Angelegenheit fühle ich*, wirst Du feststellen, dass die Wahrnehmung der Informationen über die Welt, wenn Du über das Denken wahrnimmst, anders sind als über das Fühlen. Und diejenigen von Euch, denen es jetzt gerade so wie ihm schwindelig wird, Euch sagen wir, dass Ihr bereits vollkommen wieder in eurem Herzen angekommen seid. Das Schwindelgefühl, das Du jetzt gerade spürst, hebt dein denkendes Sein auf. Jetzt. Nun atme tief ein und aus, und mit jedem weiteren Atemzug sage zu Dir selbst:

Ich fühle. Ich bin ein fühlendes Wesen.

Du kannst, wenn Du möchtest, sogar weitergehen und sagen:

Ich bin ein Bewohner Lemuriens.
Ich kehre in meinen emotionalen Körper zurück, jetzt.

Und wenn Du das sagst, wirst Du fühlen, wie Du Dich außerhalb deines Körpers befindest, nämlich in deinem emotionalen Körper, jetzt. Und wenn Du das wahrnimmst, wirst Du feststellen, dass es deinen materiellen Körper jetzt gerade so nicht mehr gibt. Irgendwo ist er? Du könntest ihn wahrnehmen, Du könntest Dich auf einen Zeh konzentrieren oder auf deine Kniescheibe, auf deine Nase, deine Hände, dann ist er kurz wieder da, und Du kannst ihn wieder loslassen. Das, was jetzt so leicht ist, war noch vor fünf oder zehn Jahren fast unmöglich. Nur wenige konnten das, jetzt ist es kinderleicht, wie Ihr sagt.

Nun geh weiter. Nimm diesen Raum wahr, erweitere Dich in deiner Wahrnehmung so weit, dass Du jetzt die Wände dieses Raumes fühlen kannst. Fühle alle vier Wände. Geh noch einen Schritt weiter, fühle die Decke und fühle den

Boden. Geh weiter und fühle die emotionalen Körper aller Anwesenden, jetzt. Und nun fühle, in dem Moment, wenn Du Dich mit allen Anwesenden verbindest, wie Du plötzlich in deinem Herzen ein Gefühl empfindest. Es ist wie Wärme, und es ist Liebe. Du fühlst jetzt gerade, dass in diesem Raum ganz viel Liebe ist, und je mehr Du Dich jetzt auf das Gefühl der Liebe einstimmst, wirst Du merken, wie sie mehr und mehr wird. Und wenn Du möchtest, kannst Du jetzt Folgendes tun. Du kannst sagen vor diesen Menschen, zu diesen Menschen und damit zu Dir selbst:

Ich bin selbst ein Wesen der Liebe. Und wenn Du das sagst, fühlst Du Liebe in Dir, Liebe zu Dir. Es ist so, als ob Du Dich jetzt selbst umarmst und Du Dich selbst wahrnimmst, ganz neu wahrnimmst, denn es ist ja kein Kopf mehr da, der Dich verurteilt, kein Selbstgespräch mehr, das Dich selbstkritisch behandelt. Jetzt gerade fühlst Du nur, dass Du wundervoll bist, dass Du ja vollkommen bist, denn Du fühlst jetzt gerade, dass alles da ist, was Du brauchst. In dieser Sekunde deines Seins ist alles da, was Du brauchst. Dieser Zustand ist immer da. Und Du kannst nun sagen zu allen anderen: *In meinem Jetzt fühle ich, dass Du, Ihr alle auch Liebe seid. Jetzt.*

Nun fühle, wie jeder Mensch um Dich Dir nun Liebe übermittelt, Liebe ausstrahlt. Fühle, wie es Dir nun immer leichter wird, selbst ein Gefühl der Liebe zu erfahren. Hab ich Euch nicht gesagt, dass, wenn ich wiederkomme, werde ich die Liebe mit mir bringen? Ich habe Euch gesagt, wenn ich wiederkomme, werde ich und damit die Liebe mitten unter Euch sein. Heute ist ein solcher Zeitraum, in dem die Liebe wieder mitten unter Euch, in Euch, in Dir ist. Und während Du jetzt ein- und ausatmest, kannst Du fühlen, wie dein Herz schlägt. Und Du kannst jetzt sogar diesen Takt deines Herzens hören. Das Herz singt ein Lied, das da geht: Lie-be, Lie-be, Lie-be. Weißt Du, dein Herz könnte gar nicht schlagen, wenn es nicht den Takt der Lie-be hätte. Nun werdet Ihr eine große Wahrheit erkennen. Noch immer ist der Hauptgrund, warum Menschen dieses Leben durch den körperlichen Tod beenden, weil etwas mit ihrem Herzen geschieht. Mittlerweile gibt es Herzschrittmacher, Herzkatheter. Das Herz ist das zentrale Thema eines jeden Menschen. Höre auf dein Herz, heißt es. Ihr habt heute schon gehört, dass die Sprache der Seele die Herzenssprache ist. Du kannst deine Seele nur wahrnehmen über das Herz, über dein Fühlen. In Einheit zu sein mit der eigenen Seele bedeutet gleichzeitig wieder, die Seelensprache wahrzunehmen und selbst zu sprechen. Das geht aber nur über die Wahrnehmung deiner Gefühle. Ein gutes Gefühl zu haben, Dich wohl zu fühlen bedeutet, in Einheit mit der Seele zu sein und dem Seelenplan, dem Seelenweg. Sich schlecht zu fühlen, ein ungutes Gefühl zu haben, bedeutet gleichzeitig, außerhalb der Seele zu sein, der Seelenverbindung und außerhalb des selbst vereinbarten Seelenweges. Nichts ist für Dich ein solch wertvoller Gradmesser wie dein Gefühl. Es ist vollkommen ohne Bedeutung, was Du denkst. Wichtig ist nur, was Du fühlst. Frage Dich immer und in allem: Was fühle ich in Wirklichkeit? Was fühle ich in Bezug auf diese Situation? Was fühle ich in Bezug auf meinen Beruf? Was fühle ich in Bezug auf meine Wohnung, mein Zuhause? Was fühle ich in Bezug auf meinen Nachbarn? Was fühle ich in Bezug auf meinen Mann, meine Frau, meinen Partner, meine Kinder?

Immer wenn Du auf die Gefühlsebene gehst, bist Du in der Wahrheit, denn auf der Gefühlsebene gibt es keine Zweifel. Du kannst niemals zweifelnd fühlen, das gibt es nur auf der gedanklichen Ebene. Im Gefühl gibt es entweder:

Ja, ich fühle mich gut oder Nein, ich fühle mich ungut.

Und so möchte ich, deine Seele, Dir jetzt Folgendes ans Herz legen. Ich bitte Dich sogar darum, ab heute, ab jetzt, immer wenn Du Dich unwohl fühlst in Bezug auf eine Entscheidung, auf eine Handlung oder sogar auf einen einzelnen Menschen oder eine Gruppe von Menschen, nimm dieses ungute Gefühl als die Botschaft von mir, deiner Seele, dass hier etwas unstimmig ist, nicht stimmt. Und etwas, das nicht stimmt, nicht stimmig ist, muss wieder, wie der Musiker sagen würde, gestimmt werden. Jeder Musiker weiß, dass, bevor er sein Instrument nutzen kann, er es zuerst stimmen muss, stimmig machen muss, denn das Instrument kann nur perfekt die einzelnen Töne treffen, die einzelnen Frequenzen aussenden, wenn es eingestimmt ist. Du kannst in deinem Sein nur stimmig sein, wenn Du eingestimmt bist. So gesehen ist dein Leben ganz einfach, wenn Du bereit bist und den Mut hast – Mut brauchst Du allerdings –, in jeder Situation deines Seins, deines Lebens nur noch ausschließlich auf dein Gefühl zu vertrauen. Weißt Du, dass es in einem Großteil aller Fälle immer um eine Sache geht? Und nun erlaube mir, deiner Seele, dass ich Dir offenbare, worum es jeweils geht. Es ist ganz einfach. Immer wenn etwas für Dich nicht stimmig ist, gilt es, dies stimmig zu machen. Hast Du jemals wahrgenommen, was ein Musiker tut, um sein Instrument stimmig zu machen? Ist Dir jemals aufgefallen, dass ein

Musiker, wenn er sein Instrument stimmt – hier sind anwesende Musiker, die Du fragen kannst –, zuerst solange den unstimmigen Ton spielen muss, um ihn dann, wenn er sich unstimmig anhört, stimmig zu machen? Wenn Du jemals ein Orchester gehört hast, das in der Vielzahl seine Instrumente gestimmt hat, dann wirst Du verstehen, was gemeint ist. Auch diejenigen, die ihre Stimme nutzen, müssen sich erst einmal einstimmen, einsingen. Dasselbe geschieht in Bezug auf deine Lebensumstände, die momentan nicht stimmen. Achte einmal darauf, dass Du selbst schon mal gesagt hast: *„In meiner Partnerschaft stimmt etwas nicht", „In meinem Beruf, in meiner finanziellen Situation ist etwas nicht stimmig".* Du sagst es sogar selbst, Du triffst den Nagel auf den Kopf, wie Ihr es nennt. Es geht um alle Lebenssituationen, die sich für Euch nicht stimmig anfühlen. Nochmals, es ist völlig ohne Bedeutung, was Du über eine Sache denkst, das Denken ist völlig gleichgültig. Es geht darum, dass es sich unstimmig anfühlt. Wenn sich etwas in deinem Lebensumfeld unstimmig, nicht stimmig anfühlt, gilt es, dieses Nichtstimmige zu stimmen. Es gibt nur einen Weg. Der Musiker lebt es Dir vor, der Sänger, die Sängerin, zeigen es Dir. Es geht nicht im Stillen, sondern das Nichtstimmige muss ausgesungen, ausgespielt werden, und bei diesem Herausbringen kann es dann stimmig werden, gestimmt werden. Und um das dasselbe geht es in deiner Beziehung, deinen Beziehungen, deinem Umfeld, deinem Beruf, in allen Lebensfeldern deines Seins. Alles, was nicht stimmig ist, muss stimmig gemacht werden, indem Du den Mut hast, das, was sich nicht stimmig anfühlt, auszusprechen, ganz einfach, indem Du sagst:

Das in unserer Partnerschaft, das in unserer Freundschaft, das in unserem Miteinander-Sein fühlt sich für mich unstimmig an, es fühlt sich so und so an für mich. Und wenn Du deine gefühlte Wahrheit ausgesprochen hast, dann bitte den anderen Menschen zu sagen, wie es sich für ihn anfühlt. Was ist deine gefühlte Wahrheit? So werden zwei nicht stimmige Wahrheiten ausgesprochen und können dann stimmig gemacht werden. Das ist die Botschaft, die wir Euch hier übermitteln wollen.

Ist es Dir schon einmal aufgefallen, dass jede Veränderung nicht mit dem Tun beginnt, sondern immer zuerst mit einer Erkenntnis? Und aus dieser Erkenntnis entsteht eine Entscheidung und aus der Entscheidung dann das Handeln. Jetzt ist es Zeit zu handeln. Es genügt, wenn Du, wenn Ihr heute aus dem Erkennen heraus durch das, was wir Euch jetzt gerade auf der Gefühlsebene so deutlich vermittelt haben, eine Entscheidung trefft. Dies nur, wenn Ihr es möchtet, Ihr wisst, es ist ja das Prinzip des freien Willens. Und auch wenn ich, deine Seele, mir dies von Dir so sehr wünsche, dass Du diese Erkenntnis nun umsetzt, werde ich Dir trotzdem immer die Freiheit geben, solange in den Umständen zu leben, die Du gerade hast, solange Du es möchtest. Du kannst das Unstimmige solange erfühlen, solange Du es möchtest, denn ich, deine Seele, habe alle Zeit dieser Welt. Und ich habe alle Geduld dieser Welt, und ich habe alle Liebe dieser Welt. Und wenn ich etwas wirklich liebe, dann bist Du das. So wäre es für mich eine Seelenfreude, wenn Du, mein Seelenanteil, jetzt diesen großen Schritt in deinem Leben machst, indem Du vor diesen Zeugen eine Entscheidung triffst. Sie alle, die heute hier sind, sind nur gekommen für Dich, sie sind deine Zeugen. Es wurde an anderer Stelle schon einmal gesagt, gerade dort, wo Ihr einen für Euch sehr wichtigen Akt zelebriert, wo Ihr Euch das Ja-Wort gebt, habt Ihr sogar Personen kreiert, denen Ihr den Titel gegeben habt: Trau-Zeugen. Es sind Menschen, die bezeugen können, dass Ihr bereit wart, Euch einem anderen Menschen anzuvertrauen, denn das ist der wahre Sinn des Ja-Wortes. Die Worte, die früher ausgesprochen wurden, waren:

Ich vertraue Dir mein Leben und mein Sein an,
ich vertraue Dir von ganzem Herzen, denn ich liebe Dich,
und ich weiß, Du liebst mich, denn das fühle ich.
Und so sind wir beide ab heute eins, ein Wesen, ein Fühlen.

Es wäre schön, wenn Ihr wieder zurückkehren würdet zu dieser Form des Euch einander das Ja-Wort zu geben, doch wir waren bei den Trauzeugen. Heute Abend sind all die Anwesenden deine Zeugen, die so gesehen Herzzeugen oder Liebeszeugen oder Gefühlszeugen sind, denn sie können bezeugen, dass Du heute eine Entscheidung getroffen hast, und Du hast diese Entscheidung ausgesprochen, weil sie Dir so wichtig und so ernst ist, dass Du sie vor Zeugen ausgesprochen hast. Die Worte, die Du nun vor diesen Zeugen aussprechen könntest, wären etwa folgende:
Ich, das Seelenwesen, ich, das Wesen, das fühlt, kehre jetzt wieder zurück zu meinem Ursprung, zu meinem wahren Sein. Und dies bedeutet, ab heute bin ich wieder ein Wesen des Fühlens, in all meinen Lebensumständen bin und bleibe ich im Fühlen. Und ich verspreche es mir selbst, dass ich all meine Lebensumstände, die sich

für mich nicht stimmig anfühlen, jetzt kläre, indem ich auf die Menschen zugehe, die es betrifft und ihnen meine gefühlte Wahrheit mitteile und sie bitte, mir ihre gefühlte Wahrheit mitzuteilen, damit dann Heilung entsteht, denn das ist mein wahres Ziel, Heilung für mich und alle. Das ist mein Wunsch. Und so ist es, jetzt.

Weißt Du, was geschieht, wenn Du das tust, wenn Ihr das tut? Wenn Du als Vorbild vorangehst und dein Leben wieder stimmig machst, es wieder heilst, in die Heilung bringst, wirst Du zum Heiler für viele andere. Du hast Dich noch nicht gefragt, warum mich so viele *Heiland* nennen. Dieser Begriff ist entstanden, weil es für die Menschheit ein Land gibt, wo alle Menschen wieder heil sind und weil es Menschen gibt, die als Bindeglieder, als Vermittler, als Vorbilder, als Heiler und Heilerinnen vorangehen, indem sie zuerst ihr eigenes Sein, ihr eigenes Leben heilen. Ist Euch schon einmal aufgefallen, dass bei Euch oder vielen Menschen der Begriff *Heilen* sehr stark auf das rein körperliche Heilen bezogen ist? Aber das wahre Heilen ist das Seelenheil. Du kannst jetzt einer dieser Menschen sein, der sein eigenes Seelenheil findet und anderen Menschen dann dabei hilft, selbst ihr Seelenheil zu finden. So gesehen ist es einfach, wieder heil zu sein. Du bist dann heil, wenn sich alles in deinem Leben stimmig anfühlt, weil Du alles, was sich nicht stimmig angefühlt hat, stimmig gemacht hast, indem Du es einfach ausgesprochen hast. Es ist ganz einfach, und doch braucht es so viel Mut.

Eine Sache noch zum Abschluss. Viele von Euch sprechen die Wahrheit, die sie fühlen, nicht aus, weil sie Angst davor haben, dass sie dann, wenn sie die Wahrheit aussprechen würden, irgendetwas verlieren könnten. Doch die Wahrheit ist, immer wenn Du die Wahrheit aussprichst, wirst Du alles gewinnen, denn wenn etwas in der Lage ist, etwas zu gewinnen, dann die ausgesprochene Wahrheit. Dies ist für heute, nur für heute, unser letzter Satz an Euch:

Die Wahrheit gewinnt immer. So sei es und so ist es. Jetzt. Bis bald, wo immer wir uns wiedersehen und fühlen dürfen."

Das Schöpfen von selbst gewählten Erfahrungen

(*Diese Zeit ist für uns alle die Gelegenheit zu einem Neubeginn. Dieser beinhaltet völlig neue Lebenserfahrungen. Gerade jetzt geht es um die Erlangung vollkommener Freiheit, um das Verstehen des eigenen, täglichen Schöpfungsprozesses, damit wir all die Erfahrungen erschaffen können, die wir uns wünschen, und wir endlich damit aufhören können, Lebenserfahrungen zu erschaffen, die wir so uns gar nicht wünschen. Es geht darum, die vollkommene Macht über unser eigenes Leben zu erlangen, damit wir ganz bewusst alle Aspekte unserer Wirklichkeit erschaffen können. Doch dieser tägliche Schöpfungsprozess beinhaltet zwei Varianten, zwei Möglichkeiten:*

1. Variante: das Schöpfen von ungewollten Erfahrungen
2. Variante: das Schöpfen von selbst gewählten Erfahrungen.

Bei beiden Varianten sind immer wir selbst es, die unsere Erfahrungen schöpfen, doch bei Variante 1 sind wir uns gar nicht

bewusst, dass und wie wir die ungewünschten Erfahrungen schöpfen. Bei der 2. Variante wählen wir selbst unsere zu machenden Erfahrungen, und wir befolgen die Schöpfungsgesetze, um dann das Selbstgewünschte auch zu erfahren.
So sollten wir uns gerade jetzt fragen, in dieser Zeit, in der sich das Selbstschöpfen noch wie niemals zuvor so leicht und schnell ergibt, inwieweit erfahren wir gerade in den so wesentlichen Bereichen wie Partnerschaft – Geld – Beruf – Gesundheit – soziale Kontakte – spirituelle Entwicklung – das von uns Ungewollte oder das von uns Gewünschte?

Das vollkommene Erschaffen der eigenen, gewünschten Realität setzt bestimmtes Wissen voraus.

Wie erkennen wir das wirklich Gewünschte?
Was braucht es, damit dies vom „inneren Wesen", der Seele, angenommen und ausgeführt wird?
Woran erkennen wir, in jeder Sekunde unseres Seins, ob wir dabei sind, das Selbstgewünschte zu erschaffen oder das Ungewünschte herbeizuziehen?
Worauf gilt es im Besonderen zu achten, welche Punkte spielen hierbei eine besondere Rolle?

Von großer Bedeutung sind hierbei unsere geistigen Fähigkeiten der Empathie und der Intuition, die erst den bewussten Schöpfungsakt ermöglichen.

Daraus entsteht die Fähigkeit, gerade jetzt machtvoll das eigene Leben zu leben, durch absichtsvolles Erschaffen der eigenen Lebensumstände, die dann immer auch dem eigenen Seelenplan entsprechen. Dies zeigt sich in einer echten Lebensfreude, in

Wachstum und persönlicher Freiheit. Das eigene Leben selbst, als Teil der **kritischen Masse** *gemäß dem Gewünschten zu gestalten, ist für uns alle die jetzt anstehende Hauptaufgabe. Erfüllen wir dies, dann hat dieses gesamte System endlich die Gelegenheit, auch in die Freiheit zu gehen, da immer das große Unbewusste dem kleinen Bewussten folgen darf, dies ist das Gesetz.*

Von Herzen und im Namen der Freiheit für diese Welt
Amira, Medium der geistigen Welt „Die Stimme Yeshuas"]

Das Gleichnis vom Bogen, dem Pfeil, der Zielscheibe und dem aussendenden Bewusstsein

„Ja, es ist wahr, Du bist einen unendlich langen Weg gegangen und hast dabei immer diese Menschheit an die Hand genommen, Du hast sie beschützt wie dein Kind. Oft hast Du Tränen der Freude über sie vergossen, wenn sie wieder einen Entwicklungsschritt gemacht hatte, oft musstest Du aber auch Tränen vergießen, wenn sie wieder zurückgefallen war. Diese Menschheit, deine Menschheit hat alles erlebt, was es an Möglichkeiten zu erleben gibt, und Du warst immer dabei, in allen Hochphasen, allen Völkern, die groß wurden. Immer warst Du dabei. Und immer hast Du der Menschheit mit deinem Wissen, deinen Gaben und deinen Talenten zur Seite gestanden. In vielen Inkarnationen sind sie zu Dir gekommen und haben Dich gefragt, haben Heilung erbeten, aber keines deiner Leben ist so herausfordernd wie gerade dieses Leben heute. In vielen anderen Leben warst Du teilweise dort draußen großen Gefahren an Leib und Leben ausgesetzt. In dieser Inkarnation ist alles vollkommen anders. Wenn Du ganz ehrlich bist, hast Du noch niemals so viele Seelenqualen erleiden müssen wie gerade jetzt. Nicht auf materieller Ebene, sondern gerade auf geistiger und seelischer Ebene fordert Dich die Menschheit, deine Menschheit heraus, fast täglich. Da Ihr alle mit dieser Menschheit auf Seelen- und damit auf Gefühlsebene verbunden seid, fühlt Ihr, wenn sich in vielen Menschen Gravierendes verändert. Auch heute ist, bevor Ihr Euch hier versammelt habt, auf dieser Welt wieder etwas geschehen. Die Auswirkungen werdet Ihr schon bald merken. Noch ist es nicht an der Zeit, dies auszusprechen, aber die Zeit wird kommen.

Wichtig ist, dass gerade Du Dir jeden Tag immer in dein Bewusstsein rufst, dass Du nicht alleine über die Fähigkeiten dieses jetzigen Lebens verfügst, also über die Zeit, die Du inkarniert bist. Je mehr Du Dir deiner übergeordneten Seeleninkarnationen bewusst bist, umso mehr wird Dir deutlich werden, dass Du über ein unendliches Reinkarnationspotential verfügst. Weißt Du, in einer zeitlichen Dauer, die es ja so nur hier gibt, aber in einer zeitlichen Sprache, wie lange Du gebraucht hast, bis Du alle Bedingungen, alle Eigenschaften, alle Fähigkeiten für diese eine Inkarnation ausgewählt hattest? Weißt Du, dass dein Inkarnationszeitpunkt von entscheidender Bedeutung war und vorher von Dir gewählt wurde, wann, wo und bei wem Du in Zeit und Raum wieder erscheinst? Dein bisheriges Leben ist minutiös bereits vor deiner Geburt ausgerichtet, ausgewählt worden. Solltest Du jemals davon ausgegangen sein, dass es einen Zufall gibt, so solltest Du dies ab heute – wie Ihr sagt – zu den Akten legen, denn jede einzelne Sekunde deines bisherigen Seins ist gelebt in tiefer Sinnhaftigkeit. Keine einzige Sekunde ist geschehen aus einer zufälligen Möglichkeit, alles ist in tiefer Sinnhaftigkeit, alles. Und dies bedeutet, wenn alles in tiefer Sinnhaftigkeit und im Vorfeld schon gewählt ist, dann solltest Du Dir hier und jetzt über eines vollkommen bewusst werden, denn für viele von Euch ist das noch eine große Blockade. Es ist gerade das, was Euch noch hemmt, weil Ihr Angst davor habt. So viele von Euch sind eben noch nicht in ihrer Kraft und Stärke und in ihrem Handeln, und aus diesem einen Grund stellt sich nun auch die Frage:

Woran liegt es dann? Bist Du nicht heute gekommen, um die Wahrheit zu erfahren über Dich und dein Sein? Dann höre die Wahrheit, höre sie jetzt, und höre sie mit deinem Herzen, nicht mit deinem Verstand. Die Wahrheit ist, dass Du immer noch davon ausgehst, dass Du in deinem bisherigen Leben einen Fehler gemacht hast oder einen Fehler machen konntest. Du hast Angst, dass Du bei einer weiteren Entscheidung wieder einen Fehler machen könntest, eine Fehlentscheidung treffen könntest, doch die Wahrheit ist: Gerade für ein Wesen wie Dich ist es unmöglich, einen Fehler zu begehen.

Würde ein Pfeil, der nicht das Ziel trifft, sagen: Da habe ich jetzt einen Fehler gemacht? Wir wiederholen diese Frage, um Dich verstehen zu lassen: Würde ein Pfeil, der ja abgeschossen wird, also nicht selbst die Richtung bestimmt, würde ein solcher Pfeil, wenn er nicht das Ziel trifft, sich in die Wand hineinbohrt, sagen: Oh, da habe ich einen Fehler gemacht. Ihr merkt schon, wir können uns das Lachen nun nicht mehr verkneifen, denn sehr oft verhaltet Ihr Euch wie ein Pfeil, der sich fragen könnte: Habe ich einen Fehler gemacht? Wenn überhaupt jemand sich diese Frage stellen könnte, dann wäre es die Scheibe. Die Scheibe könnte sich fragen: Oh, war ich an der falschen Stelle? Ich hätte zwei Meter weiter stehen sollen. Also, die Scheibe hätte die Möglichkeit, sich diese Frage zu stellen. Und sie könnte sich dann vornehmen, beim nächsten Mal zwei Meter weiter rechts zu sein, um dann festzustellen, dass der Pfeil dann links einschlägt. Der Bogen, ja der Bogen könnte sich die Frage stellen, habe ich den Pfeil in die falsche Richtung gesandt? Aber selbst der Bogen hat keine Möglichkeit, denn er wird ja gespannt von jemandem, der ein Bewusstsein hat, und dieses Bewusstsein könnte fragen: Habe ich den Pfeil nicht dorthin gesandt, wo er hingehört? Doch ist Dir jetzt gerade klar, dass jeder Pfeil, der abgeschossen wird, immer sein Ziel trifft, immer? Denn jeder Pfeil geht dorthin, wo das aussendende Bewusstsein ihn hin sendet, weil es genau an die Stelle sein Bewusstsein richtet, an der der Pfeil einschlägt. Und manchmal, weil das aussendende Bewusstsein sehr klar und konzentriert ist und sich genau die Mitte der Scheibe vorstellt, trifft der Pfeil in die Mitte, und es kann dann sagen: Das habe ich aber gut gemacht, ich habe wieder mal ins Volle getroffen.

Wie wäre es, wenn Du heute die Entscheidung triffst, dass Du ab heute nicht mehr das Pfeilbewusstsein innehältst und Dich fragst, wo bin ich da in die falsche Wand eingeschlagen, sondern dein Bewusstsein zurücknimmst? Wenn Du möchtest, können wir eine Übung machen. Stelle Dir nun vor, Du bist der Pfeil, der in der Wand steckt, also nicht in der Tafel, nicht im Schwarzen, sondern Du steckst in der Wand. Dann geh jetzt mit deinem Bewusstsein nach hinten, dort, wo der Bogen ist, der Dich ausgesandt hat, und wenn Du jetzt den Bogen wahrnimmst, geh noch weiter nach hinten, dorthin, wo der Schütze ist. Nun gehe dort in das Bewusstsein. Und Du wirst nun feststellen, dass das Bewusstsein in Wirklichkeit ja beim Absenden des Pfeiles eben nicht beim Schwarzen in der Mitte war. Jetzt gerade nimmst Du sehr deutlich wahr, dass die innere Zielausrichtung, die Zieleinstellung des Bewusstseins ja auch die Wand war. Jetzt könntest Du sogar den Ursprungsgedanken wahrnehmen, der z. B. war: Hoffentlich schieße ich nicht daneben, hoffentlich treffe ich nicht die Wand! Für Dich ist von entscheidender Bedeutung, dass Du in deinem eigenen täglichen Leben schneller und schneller erkennst, bevor Du einen Pfeil absendest, wo Du mit deinem Bewusstsein bist, denn solange ein Pfeil nicht abgesandt ist, kannst Du jederzeit nochmals die Richtung, das Ziel ausrichten. Deswegen heißt es: Weniger ist mehr.

Heute wurde etwas über Langeweile gesagt. In dem Moment, wenn Du in deinem Leben das Gefühl hast, es wiederholt sich alles, es wird alles langweilig, oder wenn Du das Gefühl hast, irgendetwas Verrücktes tun zu müssen, damit Du wieder spürst, dass Du lebst. Na ja, dann kannst Du natürlich von einer Brücke springen mit diesem Seil an deinem Bein, um etwas Verrücktes geschehen zu lassen. Ihr macht da verrückte Dinge, wir lieben das. Auch wenn wir oft mehr Hände voll zu tun haben, aber wir lieben es trotzdem.

Wir lieben eure Augen, wenn sie dort herunterfliegen. Wir lieben auch eure Mägen, die machen sehr interessante Geräusche. Doch es ist ganz wichtig, wenn Du in deinem Leben jemals dieses Gefühl verspürst, dass es Dir langweilig ist, dass sich alles wiederholt, dass gar nichts mehr passiert, dass es keinen Sinn mehr macht zu leben – was soll das alles? Dann ist alles in bester Ordnung. Dann weißt Du, ab jetzt ist ein alter Zyklus in deinem Leben abgeschlossen, und es ist Zeit für Neues. Also schaue Dich dann einfach um. Wo ist Neues für mich? Manchmal natürlich auch, wo ist die Neue, wo ist der Neue? Aber auch mal schauen, wo ist das Neue? Immer, wenn Du Langeweile verspürst in deinem Leben, ist das ein Zeichen für Dich, weiterzugehen, Neues in dein Leben einzulassen, in aller Regel Neues, was Du bisher noch nie getan hast. Und in aller Regel ist das Neue, das Du noch nie getan hast, das, was Dir Angst macht. Noch einmal langsamer: In aller Regel ist das, was Du noch nie gemacht hast, das Neue, das, was Dir gleichzeitig Angst macht. So sind Langeweile und Angst ein gutes Pärchen, das Dir sagt, **aha, es wird Zeit, weiterzugehen**.

Nun prüfe, wenn Du möchtest, indem Du dein eigenes Leben kurz anschaust, zunächst deine Partnerschaft. Hast Du dort das Gefühl, dass Langeweile eingekehrt ist und Du weitergehen solltest? Überprüfe dein Gefühl, es ist immer ganz einfach, ganz eindeutig ja oder nein. Also kannst Du jetzt fühlen. Wir geben Dir hier eine Checkliste. Fühle einfach in deine Partnerschaft hinein. Hat sich die Partnerschaft erfüllt? Ist die Langeweile in meinem Leben deshalb da, weil sich die Partnerschaft erfüllt hat? Du wirst sofort fühlen, wenn in deiner Partnerschaft alles gut ist. Wirst Du jetzt gerade fühlen, dass keine Langeweile mehr da ist, dann ist dort alles gut, dann geh weiter.

Schau Dir deine Wohnung an, dein Umfeld, wo Du wohnst, das Haus. Ist es das, was Langeweile erzeugt? Würdest Du hier weitergehen? Du brauchst jetzt nicht denken, Du brauchst nicht analysieren, ob die Miete zu hoch oder zu niedrig ist, ob der Nachbar Dich jeden Morgen grüßt – es spielt keine Rolle. Lass es einfach sein. Fühle einfach jetzt, fühle in deine Wohnung hinein, in dein Haus. Ist dort Langeweile? Langweilt Dich das Haus, die Wohnung, der Garten, das Umfeld, die Straße, der Ort? Ja, wenn Du Langeweile empfindest, dann weißt Du: Aha, der Neubeginn ist im Bereich der Wohnung, des Hauses. Wenn Du jetzt fühlst, nein, da ist überhaupt keine Langeweile, es ist alles gut, es gefällt mir, dann ist alles gut. Dann geh weiter.

Ist es dein Körper? Solltest Du mehr Sport machen? Solltest Du abnehmen? Solltest Du die Haare anders machen? Dich anders kleiden? Solltest Du deinen Stil ändern? Fühle hinein. Ist es etwas an deinem Körper, äußerlich oder innerlich? Ist hier Langeweile? Auch hier wirst Du wieder fühlen, entweder entsteht das Gefühl der Langeweile, dann ändere es in deinem körperlichen Sein, in deinem Aussehen, oder wenn nicht – auch das wirst Du fühlen – dann ist auch hier alles in Ordnung, dann geh weiter.

Dein berufliches Umfeld, das, was Du tust, deine Aufgabe, dort, wo Du jeden Tag hingehst, die Menschen, die dort sind, der Platz, den Du dort hast. Ist es das, was Dich jetzt mit Freude erfüllt, oder fühlst Du dort Langeweile? Ah ja, viele werden jetzt fündig. Ihr hattet schon gedacht, ja, da ist bisher keine Langeweile, obwohl ich sie schon gefühlt habe, aber jetzt kommt was. Nicht immer bedeutet es, dass Du alles hinwerfen musst und Dich selbständig machst oder woanders hingehst, sondern überprüfe erst einmal, ob Du das bisher Wahrgenommene, das bisher von Dir Getätigte, den Aufgabenbereich, verändern kannst. Wo könntest Du Dich viel mehr einbringen? Aha, da müsstest Du ja Verantwortung übernehmen. Wo könntest Du vielleicht plötzlich anecken, weil die Anderen Dich als karrieresüchtig oder Sonstiges einstufen würden? Weißt Du, andere Menschen stufen Dich immer nur nach einem einzigen Prinzip ein. Was sie an Dir entdecken, haben sie bereits selbst an sich entdeckt, aber dort wollen sie es natürlich nicht haben, deshalb sehen sie es an Dir. So ist Kritik, die Du erhältst, in Wirklichkeit immer Lob, Lob, das Du bereits den Mut hast, etwas zu leben, was den Anderen fehlt, und sie würden es gerne auch leben, und Du spiegelst es ihnen. Eigenständig zu sein, sein eigenes Sein zu leben, braucht immer Mut. Mut ist eine Eigenschaft, die es immer zu entwickeln gilt. Noch niemals ist ein Mensch nur mutig gewesen. Menschen entwickeln sich. Indem sie in die Angst gehen, werden sie mutig, mehr und mehr. Und selbst wenn Du schon oft in die Angst gegangen bist und schon sehr mutig bist, wirst Du feststellen, dass es immer größere Aufgaben geben wird, bei denen Du immer erst einmal wieder zurückschrecken wirst. Und das nennen wir Wachstum, denn Du bist auch hier, um zu wachsen, Dich weiter zu entwickeln, größer und größer zu werden. Du kennst es, es wurde schon einmal als Lehre an Dich weitergegeben, die da heißt:

Wer viel hat, von dem wird noch viel mehr gefordert, und wer wenig hat, dem wird sogar das Wenige genommen. Es ist das Gleichnis vom Mutigen und von dem, der Angst hat. Ein Mensch, der aus Angst nicht handelt, wird alles verlieren. Hast Du das verstanden, hast Du das gehört? **Ein Mensch, der aus Angst nicht handelt, wird sogar das Wenige, das er hat, verlieren.** Und ein Mensch, der aus Angst bereit ist, alles zu geben, wird alles gewinnen. **Der, der alles gibt, wird alles gewinnen.**

Wann in deinem Leben hast Du das letzte Mal alles gegeben? Wir fragen Dich dies! Wann warst Du das letzte Mal in deinem Leben bereit, alles zu geben, wirklich alles? Du hast nichts zurückgehalten, keine Sicherheitsreserve, nichts. Könnt Ihr Euch noch erinnern, als ich Euch das Gleichnis erzählt habe – Euch nicht, Ihr wusstet ja schon –, aber ihnen draußen habe ich es erklärt. Als sie mich gefragt haben, wie viel sollen sie geben? Was ist die Bedeutung davon, den Zehnten zu geben? Ich habe dann gesagt, weißt Du, da gab es eine Frau, sie hatte – Ihr würdet heute sagen 50 Cent –und der, der gefragt hatte, war aus heutiger Sicht ein mehrfacher Millionär. Und er sagte zu mir, weißt Du, Herr, ich gebe jedes Jahr 10% von dem, was ich habe, und das ist sehr viel. Und ich sagte ihm, ja, das stimmt, doch Du behältst weiterhin 90% für Dich, die Frau, sie gab 50 Rappen, aber weißt Du, das war alles, was sie hatte. **Wahres Geben ist nur dann ein wahres Geben, wenn Du alles gibst, alles, was Du hast, ohne Sicherheit, in allen Lebensbereichen, wenn Du Dich voll einbringst, ohne Netz und doppelten Boden.** Ja, den Mutigen belohnt diese Welt, aber nicht, wenn der Mutige in der Angst verweilt und nichts tut. Das Tun ist von entscheidender Bedeutung, aber gehandelt darf immer erst dann werden, wenn auf geistig-seelischer Ebene bereits die Voraussetzungen dafür erschaffen sind, dass das Tun sinnvoll ist. Es ist wie mit dem Pfeil und dem Bogen. Der Pfeil darf erst dann losgelassen werden, wenn das Bewusstsein über den Bogen bereits das Ziel anvisiert hat und genau in der Sekunde, wo die Hand den Pfeil loslässt, in dieser Minisekunde der Atem angehalten wird und in voller Konzentration dann das innere Bewusstsein in Wirklichkeit bereits im inneren Sein das Ziel trifft. Würde sich das innere Bewusstsein in diesem Augenblick auf das Danebenschießen konzentrieren, dann ginge der Pfeil daneben. Hast Du jemals gehört, dass im Beginn schon das Ende liegt? Dies ist eins der kosmischen Gesetze, dass es von entscheidender Bedeutung ist, wie etwas beginnt. Wenn etwas beginnt, alles gegeben wird, alles eingebracht wird, voller Vertrauen alles eingesetzt wird, dann wird aus diesem Beginn, aus diesem Samen eine reiche Ernte entstehen. So frage Dich: Bist Du bereit, alles zu geben, was Du hast, alles, und dafür alles zu bekommen?

Das sind die Worte, die wir Euch heute übergeben haben. Diejenigen von Euch, die bereits schon sehr feinfühlig sind, konnten sehr deutlich unterscheiden, dass es uns mittlerweile leicht möglich ist, durch diesen Körper sogar gleichzeitig oder nacheinander zu sprechen. Diejenigen von Euch, die bereits in ihrer Wahrnehmung geschult sind, können sehr deutlich unterscheiden, wann wir, eure Seelen, sprechen. Ihr könnt allerdings auch schon sehr klar und eindeutig unterscheiden, wann wir, die Erzengel, zu Euch sprechen. Und diejenigen, die bereits ihr Herz geöffnet haben, können sehr leicht im Fühlen erkennen, wann ich zu Euch spreche. Das ist das, was dieser Welt bevorsteht durch Euch. Ihr alle werdet mit Engelszungen sprechen, die da sind unsere Stimmen. Die Welt wird durch die Wenigen verändert, die den Mut haben. Es braucht sehr viel Mut, UNS durch sich sprechen zu lassen, doch es werden sehr viele dies tun. Und immer wenn etwas, das ungewöhnlich ist, plötzlich von vielen getan wird, wird es dann für alle akzeptiert. Hast Du schon einmal Menschen, die Dir sehr nahe stehen, gesagt, was Du fühlst, welche Botschaften Du innerlich wahrnimmst, von wem sie kommen? Das sind die Schritte, die Hürden, die Ihr in eurer Außenwelt noch nehmen dürft. Und Ihr werdet alle zu dem Punkt kommen, wo es Euch eine Freude sein wird, scheinbar unbedarfte Menschen mit eurer Wahrheit zu beglücken, um dann ihre Reaktionen wahrnehmen zu dürfen, weil Ihr dann keine Angst mehr habt, dass man Euch kritisiert, verurteilt oder in irgendeine Schublade steckt, denn Ihr wisst, dass die Wahrheit wahr ist. So lasst, wenn Ihr möchtet, diesen heutigen Tag ein Neubeginn sein. Du kannst, wenn Du möchtest, ab heute ein neues Leben führen. Es genügt, wenn Du Dich entscheidest. Es ist immer gut, wenn Zeugen um Dich sind und Du etwas, wofür Du Dich entscheidest, vor diesen Zeugen aussprichst, dann können sie es immer bezeugen, dass Du es gesagt hast. Du könntest, wenn Du möchtest, nun Folgendes sagen:

Ab heute in meinem Sein folge ich in allem meinem Herzen. Wenn mein Herz mir sagt JA, entscheide ich mich und dann handle ich, und wenn mein Herz NEIN sagt, dann habe ich den Mut, dieser Welt zu sagen: NEIN.

Dafür entscheide ich mich jetzt. Und so lebe ich ab heute, denn das ist meine Wahrheit, denn ich bin die Wahrheit, und ich bin der Weg, und ich bin die Liebe, und ich bin das Leben. Jetzt.

So sind wir schon einmal zusammen gesessen. Wie ich Euch schon an anderer Stelle gesagt hatte, waren es weit über 50.000, die da waren. Du hattest das Glück, so wie jetzt, so nahe zu sein. Du könntest Dich wieder daran erinnern, wer Du bist, und es würde dein Leben vollkommen verändern, wenn Du wieder weißt, wer Du bist, denn einem Wesen wie mir so nahe zu sein, verändert Dich selbst für alle Inkarnationen. Du kannst niemals der sein, der Du warst, wenn Du einmal selbst die Wahrheit geworden bist. So erlaube, dass ich es wieder tue, ich habe Euch schon einmal darum gebeten. Ich habe Euch gebeten zu bleiben, und Ihr seid geblieben. Ich habe Euch gebeten: Geht hinaus und gebt das, was ich Euch gelehrt und vermittelt habe, weiter. Du hast es Inkarnation für Inkarnation getan. Seit damals gab es keine einzige deiner Inkarnationen, wo Du einfach so gekommen bist. Du bist in jeder Inkarnation nur noch mit einem einzigen Auftrag gekommen. Du warst immer bereit, Zeugnis abzulegen für die Wahrheit, in jeder Inkarnation seit damals. Und nun bist Du wieder hier, um wieder Zeugnis abzulegen für die Wahrheit. Also tue es einfach. Gehe hinaus und sage den Menschen dort draußen die Wahrheit, und Du wirst sehen, sie werden sie verstehen und annehmen. Das ist meine Bitte an Dich.

So seid gegrüßt im Licht, in der Liebe und
der Wahrheit, bis wir uns wiedersehen."

Fragen die Dir helfen, deinem Herzen zu folgen

[*Achte vor allem auf die Gefühle, welche während Du Dir diese Fragen stellst, in Dir entstehen!*
1. Bin ich mir selbst gerade treu?
2. Was möchte ich gerade erleben, was und wie es erleben?
3. Wo und wann fühle ich mich wohl?
4. Wann habe ich das Gefühl in meiner Kraft zu sein?
5. Wo und mit wem ist es stimmig für mich?
6. Was braucht es, um mich wieder ins Wohlfühlen zu führen?]

Regel der Wahrheit – Gesetz der Mehrheit

„Zuerst einmal wollen wir sagen, seid gegrüßt im Namen des Lichtes und der Liebe und der Wahrheit. Wir sind für Euch so gesehen die Lichtbringer, denn Licht bedeutet immer Erkenntnis, Verstehen und daraus entstehend die Fähigkeit zur Veränderung. Was wir Euch heute geben möchten, sind die einzelnen Schritte, die es Euch in eurem Leben ermöglichen, von eurem Jetzt-Zustand zu einem für Euch **neuen Seins-Zustand zu gelangen. Dazu wollen wir Euch** eine Regel geben, ***die Regel der Wahrheit***. Möchtest Du Wahrheit in deinem Leben haben, möchtest Du Klarheit in deinem Leben haben, befolge einfach diese Regel. Sie ist sehr einfach, sie wird Dir sogar bekannt vorkommen, denn sie heißt:

Das Dich Umgebende ist das in Dir Vorhandene.

Die Lebensumstände und die Menschen, die Dich umgeben, sind in Wahrheit nichts anderes als der Spiegel deines inneren Seins, deines inneren Denkens, deiner inneren Glaubenssätze. Es ist doch so einfach. Schau Dir bitte deine Umwelt an, schau Dir die an, die Dich umgeben, schau Dir deine Lebensumstände an, und in dem Moment weißt Du, was in Dir ist. Gefallen Dir deine Lebensumstände, gefallen Dir die Menschen, die um Dich sind, dann sei einfach dankbar und genieße. Gefällt Dir etwas nicht, was Du dort siehst, dann weißt Du, es ist nur dort, weil es in Dir ist. Könnt Ihr Euch noch erinnern, dass es früher große Plattenspieler gab mit einer Glasscheibe? Ihr nanntet es Jukebox, und Ihr konntet dort bestimmte Titel auswählen. Das Inwendige war diese Plattenbox, dieser Plattenhalter und diese Schallplatten. Das Äußere war die Musik, die Ihr im Außen wahrnehmen konntet. Was habt Ihr getan, wenn Euch ein Musiktitel nicht gefallen hat? Natürlich seid Ihr zu anderen Menschen hingegangen und habt gefragt:

Wie gefällt Dir diese Musik? Nicht gut? Mir auch nicht. Ihr seid hinausgegangen, um wieder hineinzukommen und immer noch diesen für Euch unangenehmen Titel zu hören. Ihr habt Euch Ohrstöpsel in die Ohren gesteckt, um es nicht mehr hören zu müssen. Oder was habt Ihr getan? Ganz einfach, da Ihr wusstet, dass das, was Ihr momentan hört, Ihr nur deswegen hört, weil es aus dieser Jukebox kommt und die Wahl der Schallplatte, die Ihr entweder selbst gedrückt hattet oder jemand anderes die Musik, den Titel bestimmte, und Ihr wusstet, wenn Euch ein Titel nicht gefällt, dann wählt Ihr ihn einfach ab und wählt einen neuen Titel. So einfach ist es.

Wenn Du Dir jetzt gerade deine Lebensumstände anschaust, dann betrachte die Menschen, welche Dich umgeben. Gefallen sie dir nicht, einer dieser Menschen oder deine Lebensumstände? Lasst uns zuerst auf Menschen eingehen. Es ist um Dich ein Mensch, der nicht so ist, wie Du es gerne hättest. Frage Dich jetzt:

Was genau stört Dich an diesem Menschen wirklich? Wenn Du jetzt die Eigenschaft kennst, dann frage Dich als nächstes: Lebe ich selbst diese Eigenschaft, ja oder nein?

In aller Regel wirst Du als Antwort ein Nein bekommen. Das bedeutet, eine Eigenschaft, die von entscheidender Bedeutung ist, weil sie in Dir angelegt ist, Du sie selbst aber nicht lebst oder nicht bereit bist, zu leben, muss im Außen durch eine andere Person für Dich gelebt werden, damit es nach dem Prinzip des Nichtvorhandenen und doch Da-Seins ausgefüllt ist. Nun frage Dich: Bist Du bereit, das, was dieser Mensch lebt und Du selbst bisher nicht leben wolltest, ab heute in Dir anzunehmen und in einer gewissen Art und Weise zu leben? Wenn Du jetzt ja sagen kannst, verliert dieser Mensch seine Bedeutung, wird entweder dein Leben verlassen oder sich nicht mehr in dieser Art und Weise verhalten müssen.

Nun gehen wir weiter zu deinen Lebensumständen. Wenn es einen Lebensumstand gibt, der Dich bedrängt, sei es in deinem Beruf oder in deiner Familie, sei es auf körperlicher Ebene, sei es in deinen finanziellen Umständen, ein Gegenstand, eine Sache, was auch immer, ein Zustand. Frage Dich: Was an dieser Sache stört mich wirklich? Und frage Dich wieder, was Dich an dieser Sache wirklich stört. Ist es das, was Du selbst in Dir bereits annimmst und lebst, ja oder nein? Ist es eine Eigenschaft, die Du bereit bist, in Dir anzunehmen und zu bejahen? Wenn ja, nimm jetzt diese Eigenschaft an und lebe sie ab heute mehr oder weniger, und Du wirst feststellen, die Situation dort draußen hat keine Affinität mehr, sie kann dann nicht mehr als Realität um Dich sein.

> ***Alles, was Dich bedrängt in deinem Außen, ist in Wahrheit das, was in Dir vorhanden ist, nicht angenommen wurde und sich damit automatisch nach außen verlagern muss. Das ist das kosmische Gesetz.***

Es ist so eingerichtet, dass alles, was in Dir ist, Dir aber nicht bewusst ist, oder von Dir verdrängt wurde, in das Außen hinausgehen muss, um sich zu zeigen. Es ist so wie eine Verkehrsampel. Die Verkehrsampel, die rot zeigt, ist nicht gegen Dich. Hast Du jemals das Gefühl gehabt, dass eine rote Verkehrsampel gegen Dich ist, nur auf rot geschaltet hat, weil sie Dich gesehen hat und jetzt nicht mehr grün wird, solange Du dort stehst, weil sie etwas gegen Dich hat? Oder weißt Du, dass es einfach Aufgabe der Ampel ist, für eine gewisse Zeit rot zu zeigen und danach immer wieder auf grün zu schalten? Ist es Euch schon mal aufgefallen, dass Ihr sehr häufig sehr viel Energie hineingebt in scheinbar rote Ampeln, die etwas gegen Euch haben? Und ist Euch auch schon aufgefallen, wenn Ihr eine gewisse Zeit geduldig abwartet, dass jede rote Ampel, und zwar absolut jede, irgendwann grün wird? Ist Euch schon mal aufgefallen, dass sich viele Dinge von selbst klären, wenn Ihr ihnen eine gewisse Zeit gebt? Ist Euch dieser Spruch noch geläufig, dass, wenn Du es sehr eilig hast, Du Dir einfach Zeit nehmen solltest?

Je schneller Du vorankommen möchtest,
umso besser ist es, wenn Du erst einmal nichts tust.

Und willst Du schnell vorankommen, geh alleine. Möchtest Du aber weit in deinem Leben vorankommen, dann geh mit Anderen. Viele dieser Weisheiten habt Ihr schon einmal gehört, Ihr habt sie wahrgenommen und auch wieder vergessen. In jedem von Euch schlummert so viel Wahrheit.

Nun wollen wir Euch noch etwas sehr Wesentliches vermitteln, damit Ihr versteht, warum Dinge in eurem Leben geschehen. Es gibt nur eine einzige Ebene, auf der Ihr wirklich getrennt seid von allem anderen, und das ist die materielle Ebene. Es ist deutlich wahrzunehmen. Jeder von Euch bewohnt einen eigenen Körper, doch die Wahrheit ist, dass nur ein einziger Körper, nämlich der rein materielle Körper, in seiner Essenz beschränkt ist auf die körperliche Form, die Ihr habt. Alle anderen Körper, die Ihr gleichzeitig bewohnt, sind nicht auf diesen materiellen Körper beschränkt, ja, gehen sogar deutlich mehr oder weniger darüber hinaus. Doch, was wir Euch jetzt gerade mit Worten erklären, wollen wir Euch gleichzeitig im Fühlen zeigen, denn es ist von entscheidender Bedeutung, ob Ihr etwas wisst oder ob Ihr etwas fühlt oder, wie wir sagen, wahrnehmt. Habt Ihr verstanden, was in diesem Wort drinsteckt? Ihr nehmt etwas *für wahr*, also Ihr nehmt die Wahrheit wahr. Wenn Du jetzt gerade bewusst ein- und ausatmest, Dich ganz auf diesen Körper konzentrierst, also deinen Fokus weglenkst von deinen Gedanken hin zu deinem Körper, wenn Du jetzt den Körper atmest und deinen Fokus weglenkst von dem, was Du normalerweise immer tust, die ganze Zeit mit Gedanken beschäftigt zu sein, einfach bewusst einatmest, ausatmest, dann wirst Du sehr schnell merken, dass beides nicht möglich ist. Du kannst denken und Dich nicht auf den Atem konzentrieren, oder Du kannst Dich auf den Atem konzentrieren und nicht denken. Also nimm jetzt die Variante, wenn Du möchtest, atme bewusst ein und aus, noch einmal einatmen, ausatmen, einatmen, ausatmen. Spätestens jetzt, wenn Du weitermachst mit dem Einatmen und Ausatmen und Dich konzentrierst, fühlst Du, dass Du irgendwie eine andere Wahrnehmung hast. Bisher warst Du eher hauptsächlich in deinem Kopf. Du warst eigentlich nur dein Kopf in deiner Wahrnehmung. Jetzt, wo Du ein- und ausatmest, fühlst Du, dass Du dein ganzer Körper bist, also deine Wahrnehmung hat sich jetzt in etwa in die Mitte deines Körpers verschoben. Noch einmal bewusst ein- und ausatmen. Und jetzt, wo Du durch das bewusste Ein- und Ausatmen Dich bereits mit deiner Aufmerksamkeit in die Mitte deines Körpers begeben hast, so in etwa in die Brustgegend, atme jetzt ganz bewusst ein und aus, während Du Dich wahrnimmst in der Mitte deines Seins. Solltest Du wieder zurückkehren zu den Gedanken, geh wieder zu deinem Atem, einatmen und ausatmen, einatmen und ausatmen. Je tiefer Du atmest, umso leichter wird es. Einatmen, ausatmen.

Und jetzt achte darauf, was wir mit Dir zusammen tun. Während Du jetzt einatmest und ausatmest, gehst Du in deinen ätherischen Körper, jetzt, einatmen, ausatmen, und Du bist jetzt außerhalb deines Körpers. Und jetzt atmest Du im selben Rhythmus ein und aus, aber Du atmest jetzt in deinem ätherischen Körper. Du fühlst jetzt plötzlich, dass dein Körper ungefähr eine Ausdehnung von ein, zwei Metern hat. Du nimmst Dich jetzt in etwa zwei Metern wahr, während Du weiterhin ein- und ausatmest. Du fühlst jetzt, dass sich die Grenzen deines materiellen Körpers aufgehoben haben. Du bist jetzt wie ein großer Kegel oder eine große Form und beatmest Dich weiter, einatmen, ausatmen. Tief einatmen, tief ausatmen. Nun geh noch einen Schritt weiter, atme ein, atme aus, und Du gehst in deinen emotionalen Körper, jetzt, einatmen, ausatmen. Und jetzt bist Du sogar der gesamte Raum. Du kannst deine Wahrnehmung, während Du weiterhin ein- und ausatmest, bis an die Grenzen des Raumes ausdehnen. Du fühlst die Wände, genauso wie die Decke und den Boden. Du bist jetzt einfach dieser Raum. Du atmest weiterhin ein und aus. Und spätestens jetzt wird Dir Folgendes bewusst: Auch in eurem ätherischen Körper wart Ihr zumeist getrennt, jetzt seid Ihr alle im emotionalen Körper, Ihr seid alle gleichzeitig dieser Raum, und damit teilt Ihr immer euren emotionalen Körper, immer und jederzeit mit allen Menschen. Dieser emotionale Körper ist voll mit Bewusstsein, das bedeutet, permanent, wenn Du mit anderen Menschen zusammen bist, tauschen sich die emotionalen Körper aus, und die Eigenart deines emotionalen Körpers ist:

Er sagt den anderen emotionalen Körpern alles, auch die intimsten Geheimnisse von Dir, vor allem, was Du selbst über Dich denkst, glaubst und fühlst. Jetzt verstehst Du etwas sehr Wesentliches. Es ist ja gar nicht wichtig, wie Du aussiehst, wie Du nach außen wirkst und Dich kleidest, ja, selbst alle deine Ausbildungen und Urkunden nützen Dir nichts. Denn dein geschwätziger Emotionalkörper sagt allen anderen alles, ja alles! Sie hat fünf Ausbildungen gemacht, aber sie glaubt nicht an sich, sie geht davon aus, dass sie es noch nicht kann. Nun wirst Du verstehen, warum viele Menschen zu Dir kommen oder eher wenige oder gar niemand, denn das einzig Entscheidende ist, was Du in deinem inneren Sein von Dir selbst glaubst.

Wenn Du jetzt in deine Partnerschaft gehst, was glaubst Du in deiner Partnerschaft, wie bist Du in Bezug auf deinen Partner? Fühlst Du, dass dieser Mensch den Glückstreffer seines Lebens gezogen hat mit Dir? Fühlst Du, dass der Partner an deiner Seite richtig glücklich und dankbar sein kann, dass er Dich angezogen hat, weil Du liebevoll, verständnisvoll, klar und bewusst, eigenständig, eigenverantwortlich, reinlich und sauber, klar bist und so vieles mehr? Du kannst es nun fortsetzen in alle anderen Bereiche. Frage Dich in Bezug auf deine Kinder. Hast Du das Gefühl, dass sie die beste Mutter, den besten Vater bekommen haben, angezogen haben, dass sie dankbar und glücklich sein können, mit solch einem Menschen wie Dir zusammen zu sein, der eigenständig und frei ist, der ihnen Eigenständigkeit und Freiheit gibt? Wenn Du selbst in einem Angestelltenverhältnis bist, hast Du das Gefühl, dass der Mensch, der Dich eingestellt hat, die Glückskarte gezogen hat, einen eigenständigen, selbstverantwortlichen Menschen zu haben, der eigenständig eine Aufgabe erfüllt, der gerne da ist, der dies mit Freude tut?

Nun gerade verstehst Du, dass deine Welt so sein muss, wie sie ist, weil es auf den geistigen Ebenen eben keine Trennung gibt. Alles nimmt alles wahr und tauscht sich immer aus, immer. Würden wir jetzt mit Dir noch weitergehen in deinen mentalen Körper oder in deinen spirituellen Körper, würdest Du verstehen, dass das sogar weltweit so ist. Um es Dir noch mehr zu verdeutlichen, mach jetzt eine weitere Übung. Geh jetzt einfach in deiner Vorstellung mit einem deiner geistigen Körper, welchen Du auch immer nehmen möchtest, in eine der Ecken dieses Raumes, stell Dich dorthin und stell Dir vor, wie Du jetzt in diesen Raum hineinschaust, Du jetzt gleichzeitig hier sitzt und gleichzeitig von außen den Raum sehen kannst, die Menschen, die dort sitzen. Du wirst sogar feststellen, dass eine Ecke Dir leichter fällt. Noch niemals in deinem Leben hast Du das getan, was Du jetzt gerade tust. Wir sagen Dir, wenn Du das tust, bist Du wieder das, was Du wirklich bist, was Du immer warst und was Du als einziges sein kannst, **ein geistiges Schöpfungswesen**. Alles andere ist für eine gewisse Zeit scheinbar die Welt, die Du erlebst und erfährst, während Du Dich in diesem Körper befindest, doch in jeder Nacht verlässt Du diesen Körper und tust das, was Du jetzt tust, allerdings noch viel weiter, Du gehst viel weiter, als Du es jetzt gerade tust. Du verlässt nicht nur diesen Raum, ja, Du verlässt diese Welt, ja, Du verlässt sogar diese Dimension. Und je weiter dein Bewusstsein entwickelt ist, umso höher sind die Dimensionen, die Du in der Nacht betreten kannst. Und je höher die Dimensionen sind, die Du in der Nacht betreten kannst, umso schwerer wird es Dir fallen, morgens zurückzukehren und umso länger wirst Du morgens brauchen, um wieder in dieser Welt anzukommen. Vor allem diejenigen von Euch, die morgens das Gefühl haben, wie erschlagen zu sein, erschlagen zu werden von der Negativität dieser Welt, das ist genau das, was geschieht. Das höchst geistige, reine Schöpfungswesen, das Du bist, wenn Du morgens zurückkehrst aus den reinsten, lichten Welten, wird förmlich hier mit einem Mantel der Destruktivität überzogen. Wenn Du dann aufwachst und Du erst einmal destruktive Gedanken hast, ist das nur der Zustand dieser Welt, dann fühlst Du, wie diese Welt wirklich ist.

Nun frage Dich, wie oft fühlst Du Dich als dieses Wesen, das Du bist, wie Du Dich jetzt fühlst, und wie oft fühlst Du Dich als das menschliche Wesen? Fühlst Du Dich oft als menschliches Wesen, machst Du menschliche Erfahrungen, ja, je häufiger Du Dich als geistiges Wesen fühlst, machst Du geistige Erfahrungen. Das ist das Gesetz. Ihr könntet es auch titulieren als das Gesetz der Häufigkeit oder das Gesetz der Energie oder auch **das Gesetz der Mehrheit**.

Was glaubst Du, warum wurde in allen Kulturen, in allen Traditionen, die – wie Ihr nennt – Meditation oder die innere Sammlung gepflegt? Aus nur diesem einen Grund, Du bestimmst mit deiner Aufmerksamkeit, mit deiner Wahrnehmung, welche Erfahrungen Du machst. Nimmst Du Dich als materielles Wesen wahr, machst Du materielle Erfahrungen, die oft unangenehm sind, weil sie materiell sind. Konzentrierst Du Dich auf dein schöpferisches, dein geistiges Sein, dein geistiges Wesen, machst Du geistige Erfahrungen, die dann – Ihr sagt es ja auch – schöngeistig sind. So hast Du den Schlüssel selbst in der Hand. Du entscheidest mit der Zeit, die Dir jeden Tag zur Verfügung steht, worauf Du deine Konzentration ausrichtest, und nach dem Gesetz, was Du säst, das wirst Du ernten, wirst Du, **wenn Du Dich auf Materie konzentrierst, Materie ernten, und wenn Du Dich auf Geist konzentrierst, wirst Du Geist ernten. Denn das ist das Gesetz.**

Und der einzige, der dieses Gesetz anwendet, bist Du. Würdet Ihr alle eurem geistigen Sein jeden Tag nur in etwa so viel Aufmerksamkeit schenken, wie Ihr es oft euren Haaren, eurem Körper, eurer Nahrungsaufnahme, ganz zu schweigen von anderen Dingen, auf die Ihr Euch konzentriert, dann würdet Ihr alle Wunder erleben. So wäre vielleicht heute eine gute Gelegenheit, dass Du Dich selbst fragst und dann entscheidest:

Will ich weiterhin ein materielles Wesen sein mit materiellen Erfahrungen, oder möchte ich ab heute ein geistiges Wesen sein mit geistigen Erfahrungen?

Auch das ist einfach nur eine Entscheidung. Und so wie dein Körper dann satt wird, wenn Du ihm Nahrung gibst, wird dein Geist, deine Seele satt, wenn Du ihr Nahrung gibst. Das ist das Gesetz.

Und wir wollen Euch auch noch eine in dieser Zeit erkenntnisreiche Bemerkung geben: Immer, wenn ein Wesen versucht, etwas umsonst zu bekommen oder günstiger, ist es gleichzeitig die Aussage: *Ich bin außerhalb der Fülle.*

Achtet auf diese Regel, denn gerade diese Regel hat in eurer Welt dazu geführt, dass scheinbar das Gefühl des Mangels da ist. Und gerade jetzt gilt es für Euch alle, in die Fülle zurückzukehren, was eine Aufgabe ist in der Welt des Mangels, allerdings nur des gedachten Mangels, denn wenn Fülle irgendwo vorhanden ist, dann ist es in dieser Welt. Diese Welt ist Fülle pur. Ihr müsst Euch nur einen einzigen Baum anschauen, und Ihr werdet gerade jetzt feststellen, dass dieser Baum Fülle pur ist. Schaut Euch nur eine einzige Wiese an, und Ihr werdet feststellen, dass diese Wiese Fülle pur ist. Schau Dich selbst an. Du befindest Dich in deinem Körper, der von so vielen einzelnen Teilen gebildet ist, dass dieser Körper Fülle ist. Er ist ein ganzes Universum. Du hast ein eigenes Universum. Ist das nicht Fülle? Um deinen Körper zu bauen, haben wir nicht fünf Atome benutzt, fünf große, wir haben Trillionen von Atomen benutzt. So sind heute diese unsere Worte dazu da, um Euch verstehen zu lassen, Euch Erkenntnisprozesse zu ermöglichen, um Euch damit in den Zustand zu versetzen, dass Ihr aufgrund der neuen Wahrnehmung neue Entscheidungen treffen könnt und daraus neues Handeln, und damit werdet Ihr zu Vorbildern für Andere.

So seid gegrüßt im Licht und der Liebe von uns. Wir sind die Erzengel, und wir sind eure Seelen, die Seelen aus Gott. Seid gegrüßt bis bald, wo wir uns wieder wahrnehmen dürfen, so wie jetzt.

Die Bedeutung schmerzvoller Erfahrungen

[*Alles in meinem Leben, meine Seele, ist von Dir seelengeführt, und so vertraue ich Dir in allem, Du führst und leitest alles. Solltest Du mein Handeln, mein Entscheiden benötigen, dann wirst Du mich es fühlen lassen. So sage ICH:*

Amir Ra, meine göttliche Seele, ICH vertraue Dir, dein Wille geschieht jetzt!]

„Dann, mein SEIN, sind dies meine Worte für Dich:

Ja, es stimmt, dein Leben, es liegt in meinen göttlichen Händen. ICH bin es, ICH ganz alleine, die ICH aus meiner göttlichen Allmacht dein Leben leite, besser seit Du es an MICH übergeben hast. Doch was glaubst Du, woran liegt es, dass obwohl ICH die Vollmacht habe, dieses dein Leben, dein Erleben gerade so sehr von Schmerz geprägt ist?"

[*Dies kann ja nur einen Grund haben, weil ich mich mit meinem Bewusstsein über meine Gedanken, zumeist in schmerzhaften Gedanken aufhalte?*]

„Dies stimmt nur zum Teil und wäre viel zu einfach, stellt es ja meine Schöpfermacht fast völlig außer Kraft. Da darf es noch ein anderes, viel bedeutenderes Kriterium geben?"

[*Welches Kriterium, meine geliebte Seele, ist dies?*]

„Dies ist wohl das bisher bestgehütetste Geheimnis, betrifft es gerade doch Euch, die Vielen, die da reine Liebe sind, und daraus so viel geben, gegeben haben.

Gerade IHR, die da alles geben, habt oft die schwersten Lebensumstände, und die, welche diese Welt zerstören, haben **alles**! Das ist ja auch deine Frage, welche Du nicht verstehst."

[*Oh ja, dies ist meine zentrale Frage zurzeit, vor allem, da viele von uns einfach erschöpft sind von all dieser Ungerechtigkeit, all dieser Sinnlosigkeit. Wie sollen wir da unseren Auftrag erfüllen? Rückverbunden mit unserer Seele, doch statt tiefe Freude zu empfinden, zu erfahren, ist da so viel Trauer und Schmerz.*]

„Wie können WIR, eure SEELEN, Euch so *leiden* lassen?

Dann sind dies MEINE und gleichzeitig unser **aller** Antwort, da dies ja Euch alle betrifft. Die Wahrheit ist folgende:

Diese Welt wird gerade jetzt getragen einzig und allein durch UNSERE und viel mehr noch durch euer aller Liebe! Ohne sie wäre sie gar nicht überlebensfähig, gerade jetzt, wo der **Eigensinn** vollkommen diese Welt im Griff hat!"

[*Geliebte Seele, auch wenn ich die Wahrheit deiner Worte so deutlich fühle, ist es, als ob der Ertrinkende zu hören bekommt, halte noch eine Weile durch, deine Liebe trägt alles hindurch, und er sagt, aber ich kann körperlich und emotional nicht mehr. Diese Welt lebt somit auch auf unsere Kosten, wir sind einfach erschöpft vom Abwarten, vom Hören: Bald ist es soweit, bald kommt die Erlösung! Da taucht natürlich die Frage auf, wozu lässt das meine* ***vollmächtige*** *Seele geschehen? Sie hätte alle Macht, dies zu ändern, mir ein Leben zu geben in tiefer Freude. Ja sie könnte sogar mein Denken und damit mein Fühlen erfüllen mit Freude, so dass es mir möglich ist, diese Resonanz dann anzuziehen.*]

„Oh, wie berechtigt sind da **alle** deine Worte und wie schön ist es zu sehen, dass obwohl dein Verstand fast verzweifelt, dein Herz treu ist und voller Vertrauen ist in MICH!"

[*Dass ich mich so fühle heißt, ich habe es mir erlaubt, meine Gedanken auf dies Nicht-Gewollte zu lenken! Meine Gefühle zeigen mir immer die Wahrheit, so wie IHR uns erklärt habt, dass wir uns immer dann schlecht fühlen, wenn wir uns genau in die Gegenrichtung dessen ausgerichtet haben, unsere Aufmerksamkeit auf das gelenkt haben, was wir nicht wollen.*

So bitte ich jetzt um Lösungsenergie für alle meine Lebensbereiche, für vollkommene Klarheit in allem, und ich verändere meine Ausrichtung wieder auf das von mir Gewünschte. Gibt es dazu göttliche Worte für mich und für uns alle?]

„Was ist dein wahres höchstes Ziel?"

[*Freiheit in meinem gesamten Sein für mich und die gesamte Menschheit, alle Pflanzen und Tiere, für Mutter Erde-Evolem.*]

„Dann so sei es, es gibt noch viele Worte mehr zu diesem so wichtigen, ja sogar zentralen Thema. Doch mehr dazu wieder zu geeigneter Zeit.

In Liebe, welche da ewig ist, ICH, deine SEELE Amir Ra, und WIR alle für Dich und Euch."

Die Überschreitung der Linie

„Ja, ICH habe MICH sehr lange und sehr deutlich aus Dir zurückgezogen, natürlich hatte dies wie immer einen Grund!

Doch diesen kann ICH Dir erst jetzt zu erkennen geben, vorher hätte es alle Sinnhaftigkeit zerstört. Der Grund lag eben **nicht** bei Dir, sondern an dem, was diese Welt gerade erfährt, besser worauf sie zusteuert. WIR alle mussten so lange schweigen, war diese unsere Schweigezeit doch die gegebene Gelegenheit für sie, die Verhinderer, sich doch noch zu besinnen, einzulenken, zurückzukehren zur Wahrheit. Soweit und solange wie möglich haben WIR abgewartet, die Quelle selbst hat gegeben, was noch möglich war. Doch *die Linie, bei der es noch möglich gewesen wäre wieder zurückzukehren*, sie wurde gerade von ihnen allen endgültig überschritten, das ist das von Euch Gefühlte, dies macht Euch so traurig. Und was jetzt?

Nun liegt es vollkommen in unseren Händen, die Quelle selbst hat erkannt, dass ihr **erfolgreiches Experiment** nun nicht mehr **von selbst** zurückkehren kann. Somit braucht es jetzt die notwendige Heimholung, eine Rettungsaktion unvorstellbaren Ausmaßes.

Ja, Du fühlst gerade selbst bei MIR eine gewisse *Trauer*, gingen auch WIR immer noch von einer freiwilligen Rückkehr aus. Doch wie es allzu deutlich scheint, ist dies Experiment zu erfolgreich verlaufen, der Großteil der Menschheit hat sich nicht nur ein vollkommen eigenes Bewusstsein erschaffen, oh nein, dies eigenständige Bewusstsein ist das Einzige, was noch vorhanden ist, sie haben alles andere verloren. Genau aus diesem von Anfang an möglichen Grunde seid ihr alle hier, das *Gefallene* aufzufangen.

Doch was heißt dies nun für Euch alle?

WIR müssen zuerst das Vorhandene sichern, retten, was zuerst der Rettung bedarf!"

[*Erzengel Michael befreit endlich uns, die 7 Millionen An kana Te weltweit, von den uns so belastenden Lebensumständen. Gebt uns unsere Vollmacht, unser Engelbewusstsein jetzt sofort zurück!*]

„Ja, dies braucht es in der Tat. WIR haben diesbezüglich längst alle Vorbereitungen getroffen. Doch zuerst zu Dir, was braucht es für deine Befreiung?"

[*Hier solltest Du nun alle von Dir benötigten Befreiungen in deinen jeweiligen Lebensumständen klar als Aufträge an die Erzengel schriftlich dokumentieren.*]

„Wie noch nie bisher fühle ICH deine Deutlichkeit, diese und die Not der Zeit, sie lassen uns jetzt wirken für Dich und sie alle. Sei bereit, das Bestellte in Empfang zu nehmen!

Noch eines, **habe die Vision der befreiten Menschheit nun fest im Auge**.

Von Herzen Erzengel Michael für Dich, für Euch alle."

Ermächtigung für das Feld der Fülle

[*Erzengel Michael, gerade jetzt ist der Zusammenschluss, die Vernetzung der An kana Te, so wesentlich, was möchtest Du mir dazu sagen? Ganz viel bestätigendes Gefühl von Erzengel Michael.*]

„Meine Worte, für Dich, mein SEIN, sind gerade jetzt folgende:

Ja, wie noch niemals zuvor braucht es gerade jetzt den sich selbst ermächtigenden Menschen, den **Avatar**. *(Ein Avatar ist* *ein göttliches Wesen, das in einem menschlichen Körper weilt und dies weiß).* Doch gerade dies ist unsere Aufgabe, die noch nicht Erwachten und die bereits Erwachten sich selbst in ihre Vollmacht versetzen zu lassen. Sage ihnen Folgendes:

Diese Welt und ihre Befreiung, sie wartet auf Dich! Du bist die Befreiung, dein Dich selbst Erkennen und die gleichzeitige Annahme dieser Erkenntnis, sie braucht dann dies gelebte SEIN. Was heißt dies?

Nach dem Erkennen, wer Du wirklich bist, ist eine sofortige gedankliche Neuausrichtung von entscheidender Bedeutung. Es braucht zuerst ein Bewusstsein, welches nun all die Gedanken in sich einlässt, die diesem erkannten wahren SEIN entsprechen. Es ist dies wie ein gedanklicher Acker, ein bestelltes Gedanken-Feld, das bisher die **falschen Früchte** hervorbrachte, einzig und allein, weil die bisherige Aussaat ausgerichtet war auf dieses bisherige *menschliche Wesen.* Die Folge davon war der Anbau menschlicher Früchte, die durch ihren Verzehr den Menschen erhalten hatten. Doch jetzt nach diesem Erkennen braucht es den Anbau und den Verzehr neuer Früchte, neuer Pflanzen, den Anbau von **Gottesfrüchten und Gottespflanzen**, durch deren Verzehr sich wieder das göttliche Wesen ergibt. So gesehen gibt es nur diesen einen Weg, doch er führt den Menschen wieder zurück zu seinem Ursprung, der eigenen **immer** vorhandenen, nur für einen bestimmten Zeitraum zu vergessenden, wahren Göttlichkeit zurück.

Diese Welt erhebt sich in den Zustand der Freiheit, einzig und allein, weil Du und all die Vielen gerade jetzt zusammen die erkannte wahre Essenz lebt.

Wie niemals zuvor stehen WIR, die gesamte geistige Welt, bereit, um Euch beizustehen. Denn niemals zuvor, war die Bewusstheit so vieler gegeben, wie gerade jetzt."

[Doch Erzengel Michael, wie sollen diejenigen An kana Te, die sich teilweise in sehr belastenden Lebensumständen befinden, sich selbst befreien, wie herausdenken?]

„Das ist die zentrale Frage, gerade dann, wenn der Gott, die Göttin wieder erkannt wurde, aber immer noch der Mensch wirkt, **einfach aus dem bisherigen Glauben, menschlich zu sein**. So braucht es diesen neuen Glauben, einen Glauben an die eigene Göttlichkeit, dieser verändert alles!

Und genau hier kommen WIR ins Spiel, WIR, eure SEELEN in Einheit mit UNS, den Erzengeln. Jetzt geschieht das genaue Gegenteil von dem, was WIR Dir/Euch schon einmal gesagt hatten, als WIR Euch mitteilten, wie WIR Euch schon oft Gedankenimpulse zugesandt hatten, damit Ihr diese aufnehmen konntet und aufgrund dieser eurer Gedanken sich dann ein Resonanzfeld um Euch bildete, mit dem ihr ungeheure Mengen von disharmonischen Energien angezogen hattet, und sie dann von Euch transformiert, umgewandelt wurden in Licht und Liebe, wie Ihr ja alle wisst. Doch dies war in eurer Vergangenheit notwendig, vor allem vor diesem kosmischen Datum 21.12.2012.

Jetzt ist dies alles vollkommen anders, denn jetzt steht das genaue Gegenteil an. WIR können Euch nun Gedankenimpulse von höchster Qualität zusenden, die Euch in bisher so nie dagewesene, automatische Gedankenfelder der wahren

Freude, großer Fülle und, daraus sich ergebend, in vollkommene Freiheit führen.

Für die Zuführung der Gedanken und damit der Verarbeitung all der disharmonischen Energien, hatten WIR euer aller vorgeburtliche Erlaubnis. Da UNS diese für dies Neue nicht automatisch vorliegt, braucht es hierbei eure Erlaubnis, besser euren Auftrag an UNS. Übergebt ihr UNS diesen gerade jetzt, **dann senden WIR Euch ab diesem Zeitpunkt Gedankenimpulse, die Felder der Freude, der Fülle und der Freiheit um Dich und in Dir erzeugen.**

So sind dies die Worte unserer Ermächtigung:

An Euch, die Erzengelkräfte, und Euch, unsere Seelen,
die Seelen aus Gott, sage ich, sagen wir, die Erwachten,
die sich ihrer Göttlichkeit wieder Bewussten,
sendet mir/uns ab sofort Gedankenimpulse der Freude,
der Fülle, des Vertrauens, des Gelingens,
des Mutes und der Freiheit, jetzt!

Feld der Fülle, der Freude, der Freiheit
baue Dich jetzt in mir und um mich auf.

Tut dies alleine oder in Gruppen, was Euch eine größere Kraft gibt, und das von Euch damit erzeugte Resonanzfeld katapultiert Euch in die für Euch jetzt so sehr notwendigen Lebensumstände, die es Euch ermöglichen, zu wirken gemäß dem wahren Grund eures Hierseins. Dies für Euch alle, zu eurer und zur Befreiung dieser Welt.

WIR, die Erzengel, und eure Seelen.
ICH für Dich, im Speziellen Erzengel Michael."

Über den Zustand dieser Welt – Punkt des Erwachens – Neuausrichtung

„Wann immer ICH dir Worte und dazu auch Gefühle der Liebe übermittele, so wie jetzt, dann vertraue MIR, denn ICH bewahre stets und immer dein SEIN. Denn ICH bin deine SEELE, bin Gott in Dir, und aus diesem meinem SEIN wirke letztendlich ICH, deine Seele, für Dich! Lass MICH sein in Dir, indem Du sagst:

Meine vollmächtige SEELE, wirke in MIR, in meinem Leben, in allem, was ist, lasse jetzt Wunder geschehen, da ich an Dich glaube und Dir so vollkommen vertraue.

Dies sind die Worte von Dir für MICH. Es ist die Vollmacht an die Seele, zu wirken für Dich.

Und so wie gerade deine persönliche Welt jetzt Klärung erfährt, geschieht dies kollektiv, denn dein SEIN ist eng verknüpft mit dem SEIN dieser Welt. Längst ist diese Welt vom rein verursachenden, denkenden SEIN der sie bewohnenden Menschheit befreit, denn dies wäre ihr Untergang gewesen. Ausgerichtet ist dies alles auf den zu erbringenden Ausgleich, denn der Zustand, dass sie alles haben und der große Rest inklusive Euch, den An kana Te, die Ihr teilweise fast nichts habt, erfordert geradezu diesen Ausgleich. Die Worte, die gerade jetzt für dein Sein bestimmt sind, sind diese:

Richtet alle euer Bewusstsein, euer Erwarten auf Erfüllung aus. Fühlt den Zustand der bereits erhaltenen Fülle für Euch und für alle, bringt nochmals euer Bewusstsein in die klare Ausrichtung auf die von Euch gewünschten Erfahrungen.

Öffnet Euch für Gedankenimpulse, die gerade jetzt beständig in euer Bewusstsein strömen. Und vor allem vergesst, besser ignoriert diese alte Welt der Vergangenheit. Tut Ihr dies alle gerade jetzt, ist das bereits der Neubeginn! Gerade aus diesem Grund der Neuausrichtung muss dies Alte jetzt schnell und sauber für Dich, für Euch alle in eurem Leben geklärt werden. Hierbei geht es jeweils nur um Dich und deine persönlichen Lebensumstände. So braucht dein SEIN diese klare Befreiung von dem, was in dieser vergangenen Zeit wichtig war, zu erfahren. Doch jetzt befindest Du Dich und Ihr alle Euch bereits in einem völligen Neubeginn. Welche Worte wären jetzt gerade die, die dein und euer aller SEIN befreien? Es sind diese Worte, die in sich die Kraft tragen, das innewohnende Seelenwesen anzusprechen, auf dass es dann aus seinem teilweise sehr tiefen Schlaf befreit wird. Die Zeit dafür ist jetzt reif, sie bringt es an den Tag, was da so lange schon scheinbar im Verborgenen schlummerte und doch stets darauf wartete, dass es passiert. Das sich Wiedererkennen, das Finden der immer vorhandenen wahren göttlichen Herkunft – zuerst ist da nur der Mensch, der sich in allem als dieser zum Ausdruck bringt, und dann taucht es auf, das zuerst nur gefühlte, doch dann mehr und mehr ins *Tagesbewusstsein* aufsteigende Wissen, dass da **viel** mehr ist. Zuerst nur ein Ahnen, dann wird es zur alles durchdringenden Gewissheit in vielen von ihnen *(den An kana Te)*. Längst ist diese Stufe des Erahnens, des Fühlens erreicht, was es hier jetzt braucht, ist die gegebene Wahrheit. Wird diese Wahrheit gehört oder gelesen, bestätigt sie dieses Geahnte und Gefühlte so klar und deutlich. Dies ist Sinn und Auftrag zugleich und der Grund deines und unseres Wirkens. Sie alle kommen zu Dir und damit zu uns *(an den Abenden)*, weil sie in ihrem innersten SEIN wissend fühlen, dass Sie dort erhalten, worauf sie ihr ganzes Leben gewartet, besser hingelebt haben. So gesehen ist ihr aller Leben genau darauf ausgerichtet, eines Tages zu diesem Punkt zu gelangen, wie wir es Euch schon einmal sagten, zu diesem **Punkt des Erwachens**. Richte Du dein Bewusstsein stets aus auf die *Neuen*, denn die Zahl der noch Wartenden ist um ein Vielfaches größer als die Zahl derer, die es bereits erkannt oder gefunden haben. In Liebe deine Seele."

Der Grund für noch nicht erfüllte Herzenswünsche

„Was ist der Grund dafür, dass das Bestellte, Dir Zustehende in deinem Leben nicht vorhanden ist, somit fehlt, noch nicht einmal gefühlt werden kann, und erst jetzt gerade fühlst Du Dich gut, sicher, glücklich, in Dir ruhend, wie schon lange nicht mehr."

[*Das entspricht der Wahrheit, und ich danke Dir von Herzen, dass ich so fühlen darf, denn jede Sekunde in diesem SEIN macht vieles wieder wett, gibt Sinnhaftigkeit. Dafür, meine Seele, danke!*]

„Dann gebe ICH Dir nun Folgendes zu deinem erkennenden Verstehen. Was bis gestern war, musste so sein, war tief notwendig, das benötigte Muster der Freiheit zu weben, denn dies ist eine tiefe Weisheit. Wahre Freiheit braucht immer zuerst die scheinbare Un-Freiheit, in der sich durch das Abhandensein des Gewünschten das energetische Muster des wahrhaft Sinnvollen erst entwickelt. So entwickelt sich das Sollende in aller Klarheit erst im **Erfahren** des Sinnlosen, im Wollen des menschlichen Verstandes, der somit nur ein Mittel ist, damit dies wirklich Sollende endlich erkannt und dann angezogen werden kann und wird. Was heißt dies nun für Dich und auch für sie alle, die Vielen? Gefühle der Sinnhaftigkeit, der Dankbarkeit, der Verbundenheit, dies alles ist tief sinnvoll, **seelengeführt**. Wisse, hier wirke ICH, deine SEELE, für Dich. Durch diese deine Ausrichtung ergibt sich das, was wir dann den Zustand des ***Samadhi*** nennen, des in sich ruhenden göttlichen SEINS, denn nun gibt es nicht mehr dieses ungeduldige schnell Haben-Wollende, sondern nur noch das gleichgültige In-sich-Ruhen. Gerade durch die Gleichgültigkeit kann sich alles von selbst ergeben. Das wird der ***Fluss der Erfüllung*** genannt. Dies sind nun meine, sind auch unsere Worte für Dich und damit für sie alle zu deiner und ihrer aller Befreiung und Erlösung.

In Liebe, WIR, eure Seelen, für Euch."

Freisein von jedweder Angst

„Da ist nichts, absolut gar nichts, vor dem Du Dich fürchten solltest. Da ist nur notwendiges und sinnvolles Geschehen, das Dich erkennen lässt, was zu Dir gehört, was für Dich stimmig ist, denn auch bei der Seelenübergabe gibt es immer den Seelenanteil, der sich hindurch fühlen darf, denn sonst würde ja der Zustand einer Marionette entstehen, was ebenfalls einen Zustand der vollkommenen Sinnlosigkeit ergeben würde. Das zu erlangende Ziel bleibt das selbst gelebte Leben und das alleinige vollkommene Seelenvertrauen. Dies alleine braucht es. Immer geht es darum, im direkten Fühlen zu erkennen, was das deine ist.

In Liebe deine Seele in Dir."

Die Präsenz der Seele in einem materiellen Körper

„Viel zu sehr war dein Leben und vielmehr dein Bewusstsein in all diesen Tagen mit dem beschäftigt, was normalerweise das Überleben heißt. Da war kein Raum für kreatives, innovatives Dich Ausrichten nach vorne, doch dies war kein Zufall, sondern tiefe Notwendigkeit! Es ist nicht ganz einfach für UNS hier auf der geistigen Seite, auf der **alles** sichtbar ist, Dir/Euch ein Geschehen und seine Sinnhaftigkeit zu erklären, da Dir/Euch ja immer nur ein sehr kleiner Teil sichtbar und bewusst ist, doch hier das Wesentlichste für Dich und damit für alle:

All das bisher Geschehene war minutiös so abgestimmt, vieles hätte natürlich anders kommen können, sehr leicht sogar, doch es gilt, genau diese Konstellationen zu erreichen, denn sie alle haben in Dir etwas ausgelöst. **Immer** geht es bei all diesem Erfahren um die inneren Gefühlsspuren, die so etwas wie ein Lebens-Tape entstehen lassen, dessen innere Struktur das alles entscheidende Grundmuster einer jeden Lebens-Inkarnation ist. All dies von Dir bisher Erfahrene und viel mehr noch dies vor Dir Liegende ist die Erfüllung all dessen, was WIR die ***Präsenz der SEELE in einem materiellen Körper*** nennen. Denn all diese hochfrequenten, voll bewusst erlebten und gefühlten Erfahrungen, vor allem im Bewusstsein des Seelengewahrseins, sind die höchste Stufe des zu spielenden Lebens auf dieser Ebene. Wird diese höchste Stufe einmal erreicht, ist das wie die Öffnung dieses Systems für mehr, viel mehr. Es entspricht der Wahrheit, dass diese Vorbereitung zur Öffnung durch IHN *(Yeshua)* erfüllt wurde. Und dein Hiersein, euer aller Hiersein, hat nur **diesen einen Grund**, das System endgültig zu öffnen für die allgemein mögliche Seelenführung und Fügung. Damit diese Öffnung möglich wurde, was mittlerweile längst geschehen ist, musstest Du und Ihr, die Vielen, als ***Öffner, Vorbereiter*** ganz spezielle Lebenserfahrungen machen, die alle so tief sinnvoll, vor allem notwendig waren, denn nur diese teilweise sehr tiefgehenden, weil tief gefühlvoll berührenden Erfahrungen lösten diese Gefühlsmuster aus, die wie bei einem Musikstück aufbauend Note für Note gebraucht werden. Dies, mein Freund, rufe Dir immer wieder in dein Gedächtnis, gerade jetzt! **Dein Erleben ist minutiös geprägt**, geplant von zu machenden Erfahrungen für dieses benötigte Gefühlsstück. Kein Fehler, keine Fehlentscheidung oder gar Dummheit gibt es hier, sondern nur **sich erfüllend Sinnvolles**. Mein Freund und auch Du, der Du diese Worte gerade liest, schreitet voran und hindurch mit diesem Wissen der tiefen Sinnhaftigkeit, denn dies wird gebraucht, gerade jetzt!

In tiefer mitfühlender Freundschaft, Amrides, Freund und Meister der Metamorphose."

Aufladen des eigenen Bewusstseinsfeldes

„Ihr alle verleiht eurer Persönlichkeit den angemessenen Ausdruck, wenn Ihr Euch so verhaltet, denkt und fühlt wie ein Mensch, der die Aufgabe hat, diese Welt zu verändern. Euer Verhalten sollte vollkommen dieser eurer Aufgabe entsprechen! Du bist auch einer der Menschen, der die gesamte Menschheit in ein neues Zeitalter führt. Du weißt es, nur lebe es jede Sekunde deines weiteren Lebens, jede einzelne Sekunde! Nur noch dein eigenes Verhalten und damit deine Einstellung, dein Denken, deine Erwartungen bestimmen das gedankliche Bewusstseinsfeld, das von Dir ausstrahlt und damit ein Resonanzfeld aufbaut, das alles andere beeinflusst. Dein Glaube über Dich selbst bestimmt den Glauben aller Menschen dort draußen. Dein Bewusstseinsfeld bestimmt, was Du in welcher Größe anziehst. Jetzt heißt es für Dich, wirke, denke, handle, fühle als der Mensch, der Du wirklich bist. Bestimme selbst, wer und was Du bist. Sei mit jeder Phase deines SEINS der, der Du wirklich bist oder die, die Du wirklich bist.

Höre sofort auf, Dich selbst, das, was Du bist, deine Aufgabe, die Umsetzung in irgendeiner Art und Weise in Frage

zu stellen, denn damit verringerst Du dein eigenes Bewusstseinsfeld und damit deine Anziehungskraft.

Ja, es ist wie zwei Schritte vorgehen und dann beide wieder zurückgehen. Jetzt geht es um dein bewusstes Verstehen, dein Erkennen, was hier genau abläuft, wie wesentlich jetzt dein eigenes Bewusstsein ist, das von deinem Denken und damit von deiner Aufmerksamkeit bestimmt wird. UNS ist gar alles möglich, doch in aller Konsequenz brauchen WIR als Wirkvorgabe dein Bewusstseinsfeld, das durch dein Denken in seiner Anziehungskraft bestimmt wird. Wirke, aber mache bewusst immer wieder schöpferische Pausen, denn sie sind notwendig für deine immer wieder bewusste Neuausrichtung auf dein Ziel. Alles wird jetzt davon bestimmt, wie Du dein Bewusstseinsfeld auflädst.

Dies wird vor allem bestimmt von der Qualität deiner bewussten Gedanken. Das ist der Schlüssel für alles! Jetzt sind sogar Wunder von immenser Größe für Dich möglich, doch dafür braucht es jetzt dein wundererfülltes Denken.

Sieh jetzt die für Dich größtmögliche Ziel-Visionserfüllung und handle jetzt mutig. Ja, in allem braucht es gerade jetzt dein Handeln, als ob es schon so ist. Weil Du Dich jetzt auf deinem Weg der Erfüllung und der Berufung befindest, ist dieses Als-Ob-Handeln bereits die **erste erfüllte Seelenbedingung** für viel Seelenenergie, die ICH Dir zur Verfügung stellen kann. Jetzt braucht es nur noch die **zweite** Seelenerfüllung! Vertraue MIR! Vor allem dein Umgang mit den Dir zur Verfügung gestellten Lebensumständen und auch der Mittel zeigt doch deutlich dein Vertrauen in MICH. Denn da sind für MICH unermessliche Mittel vorhanden, alle

Möglichkeiten, die ich alle zu Dir führen kann, sobald dein Vertrauen diesem Wissen entspricht. Gib all das, was Du hast, deine Talente, Gaben und Fähigkeiten und bringe sie mit Freude ein. Wisse, dies mit Freude Weitergeben und Einbringen erbringt wieder das weitere Empfangen für Dich. Dieses in allem freudige Geben öffnet endgültig die Schleusen der Fülle in Dir. Dies ist die letzte Hürde, die es noch für Dich und für viele von Euch zu überwinden gilt. Geben mit Freude öffnet automatisch den Kanal des Überflusses. Die sich dadurch ergebende Freiheit in allem gibt Dir erst die Voraussetzung, vollkommen deine eigene Berufung zu erfüllen. So ist jetzt alles in Dir und um Dich auf die vollkommene Fülle und damit auf die Freiheit ausgerichtet, von uns vorbereitet. Nehme sie nun an und vor allem **lebe sie**. Alles Weitere ergibt sich dann ganz von selbst.

In Liebe und voller Freude, ICH, deine Seele, und
ICH, Erzengel Michael, für Dich."

Bist Du bereit für die Wahrheit?

„Die Wahrheit ist, dass Du selbst gerade dabei bist, die Wichtigkeit eines Lebenskonzeptes, einer gewissen inneren Struktur zu erkennen. Freiheit bedarf auch einer gewissen Grundstruktur, denn nur dann hat die Freiheit die Möglichkeit, sich zu entfalten. Doch für Dich heißt das gerade jetzt eine gewisse Festlegung und daher scheinbar deine Freiheit beschränkend, denn dies ist dein oberstes Wollen, frei zu sein in allem, so wenig wie irgend notwendig, Dich zu verpflichten oder einzuschränken. Doch sobald Du bereit bist, dies geschehen zu lassen, bringt es Dir den von Dir gewünschten Erfüllungszustand. Da ja alles vorbereitet und in der Zeitlosigkeit der Dimension der Fünf bereits erfüllt ist, braucht es nur noch diese deine bewusste Offenheit, dies ***geschehen lassen können*** anzunehmen. Dein Dich selbst Erkennen heißt, Dich so zu fühlen, wie Du weißt, wer Du bist. Jedes andere Fühlen, Wahrnehmen deiner selbst schwächt diese deine ***Ausstrahlung***, schwächt dein mögliches Wirkpotential. Was Andere oft als übersteigertes Selbstbewusstsein zum Ausdruck bringen, ist bei Dir eher ein unterdrücktes Selbstbewusstsein. Du darfst jetzt dein Bedürfnis, allen immer gefallen zu wollen, gerne ablegen. Jetzt braucht es dein zu Dir ***Stehen*** im Wissen, wer Du bist, was deine Aufgabe ist und wie wertvoll dein Wirken gerade jetzt ist. Wisse, fühle und lebe es. Du bist eine der ***ältesten Seelen*** hier in dieser Welt. Und nur dieses Wissen und deine Bereitschaft, dein Mut, dies zu leben, zum Ausdruck zu bringen, geben Dir enorme Kraft und die Gelegenheit, Dich auszudrücken. Vergiss sie alle, die Dich kritisieren, es ist ihr selbst getroffen sein. Alle Großen dieser Welt, und Du bist auch einer, eine von Ihnen, gaben immer wenig auf die Meinung dieser Welt und der in ihr lebenden ***Kleingläubigen***. Denn die Veränderung dieser Welt gelingt nur den Großen, denen, die mehr an sich selbst und ihre Vision, ihre Aufgabe glauben als an die Meinung dieser Welt. Dies ist für Dich jetzt noch das Wesentliche. Lege das Hören auf die Meinung all derer ab, die weder verstanden haben, worum es wirklich geht, noch bereit sind, selbst Hand anzulegen und voranzugehen. Sie unterstützen nur den Status Quo, doch zur wirklichen Veränderung braucht es jetzt und immer die Großen, die Mutigen, die bereit sind, der erkannten inneren Wahrheit zu vertrauen und sie zu leben, ohne Rücksicht darauf, was die Welt dazu meint. So lass es Dir nochmal sagen, vertraue Du MIR, ja vertraue UNS!

In tiefer, liebevoller Verbundenheit,
Erzengel Michael, für Dich!"

Herausfordernde Lebensumstände

„Die offene, ehrliche Wahrheit ist die, dass Du es Dir selbst und damit den Menschen, deinem Umfeld erlaubt hast, deine Eigenverantwortung in zentralen Bereichen deines Lebens abzugeben. Diese Eigenverantwortung und damit deine Entscheidungsgewalt, dein Entscheidungsvermögen gilt es nun, wieder zu Dir zurückzuholen. Dazu braucht es deine klare Ausrichtung auf das von Dir Gewünschte. Und dies setzt eine offene, ehrliche Bewusstheit voraus, eine Offenheit, die zuallererst **deine Bedürfnisse** realisiert und zu deren Umsetzung bereit ist. Dazu braucht es auch deinen Mut zu unangenehmen Entscheidungen. Frage Dich: Bist Du Dir gerade in deinem Leben selbst treu? Dies ist wohl eine der wichtigsten Fragen, die Du, die Ihr Euch immer wieder stellen solltet. Bin ich mir gerade in meinem Leben selbst treu?

Achte in allem besonders auf dieses leichte Fließen, sich von selbst ergeben, forciere nichts, sei geduldig und vertrauensvoll abwartend im Wissen, dass es in der Reife der Zeit von selbst geschieht! Dies ist sicher. Machtvoll ist dein Wünschen, dein ***Befehlen,*** und so geschieht es jetzt! Bleibe stets in deinem Fühlen in empfangsbereiter Bereitschaft. Wisse, es geschieht bereits. Die kosmischen Fäden waren bereits gewebt und verbunden. Der Befehl ist die Öffnung, die kosmische Verbindung.

In Liebe, Erzengel Michael für Dich und Euch alle!“

Worte der Wahrheit von Yeshua an uns

„Ja, ich bin Yeshua, und höre Du, der Du diese Worte gerade wahrnimmst. Dein Fühlen wird immer davon bestimmt, wo Du Dich gedanklich und gefühlsmäßig gerade aufgehalten hast. Jetzt ist für Dich so vieles möglich, anders, und es liegt jetzt ganz an Dir, nun die Wahrnehmung deiner Lebensumstände, deiner Erfahrungen zu verändern. Sei bereit, das Neue zu sehen, zu bejahen, Dich darauf auszurichten. Die Zukunft und damit deine Erfahrungen, deine Zukunft, werden jetzt sehr stark geleitet, bestimmt von deiner Ausrichtung, deinen Vorstellungsbildern. So frage Dich: **Was möchte ich erleben, was und wie es erfahren?**

Du kennst doch selbst sehr genau die Gesetze der Erschaffung deiner Lebensumstände, deiner Erfahrungen. Und so wie ICH bist auch Du mit verantwortlich für das von Dir zu Erfahrende, das ja immer selbst erschaffen ist. So sei bei dem von Dir tief Gewünschten. Dies braucht es jetzt so sehr.

Gerade die unmittelbare Nähe dieses Systems zur Dimension der Fünf, die ja die Erfahrung der Gleichzeitigkeit von Gedanke – Gefühl – Realität ist, verlangt diese **deine Konzentration auf dies von Dir Gewünschte**."

[*An dieser Stelle wäre es wieder gut, wenn Du Dir etwas Zeit nehmen würdest und am besten schriftlich die Frage beantwortest: Was ist das von mir wirklich Gewünschte? Was möchte ich wirklich erfahren?*

Schreibe die Erläuterungen nieder, bringe Dich selbst dadurch in die Klarheit und fälle zusätzlich auch eine klare Entscheidung, dass Du genau das erfahren möchtest.]

„Nun hast Du Dir selbst wieder eine neue Ausrichtung gegeben, und diese bestimmt über deine Anziehungskraft und all deine Erfahrungen. **Die wichtigste Botschaft für Euch alle ist, dass die gedankliche Ausrichtung auf dieses Seelengewollte, erkennbar am tiefsten Herzenswünschen, so wesentlich ist**, zeigt sie doch die Macht, die in dieser besonderen Zeit jedem bewussten Menschenwesen eigen ist. Dies ist es, was es immer von Euch allen braucht, die Bewusstmachung der eigenen Macht, Lebenserfahrungen durch die innere gedankliche und gefühlsmäßige Ausrichtung zu kreieren, selbst anzuziehen! Die eigene Ausrichtung bestimmt die Qualität der Erfahrungen. Das Dir bisher Mitgeteilte ist die Essenz der Wahrheit. Wie Du bereits erkannt hast, sind da eher wenige, die so klar die Zusammenhänge verstehen und damit ihr gezieltes Handeln einsetzen können. **Deine Weisheit hebt Dich ab von den vielen und sie verpflichtet Dich zur Weitergabe!** Da nun alle Blockaden, alle Verhinderungsenergien auf dieser Welt ihre Grundlagen vollkommen verloren haben, heißt dies für Dich, für Euch alle, Euch jetzt gedanklich und in eurer Vorstellung in die gefühlte Freiheit für Euch alle hineinzubegeben. Dies braucht es zur Öffnung der Erfüllungstore, denn nur ihr Geöffnet sein lässt Euch das Gewünschte zufließen.

Der Schlüssel ist, sich diese alles entscheidende Ausrichtung immer wieder bewusst zu machen, da aus ihr die Ergebnisse gemäß der Anziehung entstehen. Großes zu erfahren braucht großes vorbereitendes Denken. Dies heißt für Dich, für Euch alle, vergesst eure bisherigen Lebenserfahrungen und begebt Euch in das Größtmögliche, was Euch möglich ist, Euch vorzustellen. Die Kraft für all das Gelingen ergibt sich nur klar und deutlich durch euren Mut, das Große, das Übergeordnete in Auftrag zu geben.

In Liebe, die da ewig ist, Yeshua, für Dich."

Eine Botschaft aus der *Vergangenheit*, deren Zeit jetzt gekommen ist.

„Wie Du gerade fühlst, sind WIR alle präsent, Erzengel, Seele, ICH, Yeshua, ja die gesamte geistige Welt, euer Gefolge. Daran könnt Ihr erkennen, wie eng alles geworden ist, da WIR alle da sind, und wie bedeutend diese Zeit ist. So höre und schreibe es für sie alle nieder:

Die Wahrheit ist, auch wenn nicht alle dies hören wollen, da dies ja ein verneinender Akt des menschlichen Bewusstseins ist, dass diese Welt, die auch die eure ist, sich in allergrößten Schwierigkeiten befindet. Zu viele beeinflussende Faktoren kommen gerade zusammen, und wenn Ihr erlaubt, wollen WIR Euch diese gerne zum besseren Verstehen verdeutlichen, aufgeteilt in die sie betreffenden unterschiedlichen Bereiche. Zuerst der wohl wesentlichste Bereich, euer Energiesystem! Die Euch bevorstehende Energiewende, die nach jetzigem Stand eine enorme ist, braucht ein neues Bewusstseinsfeld, eine Bewusstseinswende, die diese Erneuerung geschehen lassen kann. Doch wie Ihr ja so gerne sagt, liegt hier ***der Hund begraben***. Nun zu diesem ***begrabenen Hund***. Das bisher genutzte Energiesystem ist die Grundlage und das Machtzentrum für sie, die Mächtigen. Alles beruht darauf, ihre Einkünfte beruhen zum größten Teil darauf. Ihr wisst, dass die Veränderung dieser Welt aus den Euch bekannten Ländern kommt, oh ja:

D – A – CH. Mehr als 700.000 An kana Te sind hier inkarniert *(Energie pur!)*. Wie viele es wirklich sind, darf noch nicht freigegeben werden. Doch diese große Anzahl zeigt Dir, sie zeigt Euch, so sehr eure Bedeutung. Ist nicht gerade dieses Land *(Deutschland)* im neuen Energiebereich führend? Doch wundert es Euch nicht, dass hier gerade nichts vorangeht? Es ist für Euch unvorstellbar, welche Beeinflussung hier gerade abläuft, welcher Druck, oh ja, Druck auf allen lastet! Um es Euch ***strategisch*** zu verdeutlichen, es war klar, dass beide *Seiten* dort, wo die Veränderung beginnt und stattfindet, alles aufbieten würden für diese *letzte Phase der Konfrontation*. Dieses Alte muss weichen und dem Neuen Platz machen, und die Front der Angst ist doch noch machtvoll aufgestellt und fest entschlossen, alles aufzubieten, um ja dieses Bisherige zu erhalten, selbst wenn es keine Aussicht auf Erfolg gibt. Dies macht sie ja alle so gefährlich. Doch was sie so kollektiv verbindet, ist ihr unbedingter Wille zu bestehen. Was Euch **noch** fehlt, was es gerade dringend braucht, ist euer kollektives sich Verbünden, **und dieses sich aus tiefstem Herzen gemeinsam Wünschen: Die Veränderung, der Wandel, er möge jetzt sein!**

Euer Herzenswünschen und dieses sich nun Verbünden sind hierbei der Schlüssel. Noch ist Getrenntsein, euer separates Wirken die fehlende Kraft. **Die Bündelung, eure Bündelung ist hierbei der alles entscheidende, der alles verändernde Schlüssel**. Doch wie sie alle unter einen Hut bringen? Dies zu einem *späteren Zeitpunkt!*

In tiefster Verbundenheit, WIR alle für Euch! Ja, wie Du fühlst, haben WIR uns bereits zusammengefügt."

Achte auf die Energie des Dich-Wohl-Fühlens

„Du bist selbst gerade dabei, endgültig deine Lebensprämissen festzulegen. Alles wird von Dir bestimmt und festgelegt gemäß deiner Ausrichtung auf für Dich Stimmiges. Nun braucht es nur noch dieses sich gefühlsmäßig über das Gefühl führen lassen! Sei bereit, in allem Dich führen zu lassen, Dich anzuvertrauen dem Wohlfühlen in allem, denn diese Energie des **Wohl-Fühlens** in allem Entscheidenden trägt in sich die Verwirklichungskraft.

Wo fühle ich mich wohl? Wann habe ich das Gefühl, in meiner Kraft zu sein? Wo und mit wem ist es stimmig für mich? Was braucht es, um mich wieder ins Wohlfühlen zu bringen? Welche Gedanken und daraus folgend welches Handeln verhindern es, wieder ins Wohlfühlen zu kommen? Dies sind zentrale Fragen für Dich und Euch alle. Sie Euch zu stellen und selbst darauf Antworten zu geben, bringt Klarheit und damit die Kraft zur Veränderung für Dich und Euch alle.

In Liebe, WIR,
die Euch umgebende geistige Welt. Jetzt."

Persönliche Worte der Erzengel an Dich

„Ja, WIR, die vereinten Erzengel, möchten Dir, der Du gerade diese Worte hörst oder liest, nun Folgendes sagen:

WIR kennen dein Wirken, wissen um deinen *Einsatz*, wissen sehr wohl, wie es um Dich steht, und so sagen WIR dies aus unserer tiefen Liebe und Verbundenheit mit Dir. WIR sind bereit, es ist dies alles und mehr möglich. Jetzt gibt es keine Grenzen außer denen, die Du Dir selbst auferlegst. So durchdringe diese Materie mit deiner Schöpfermacht, lass dies so sehr Gewünschte in dein Herz zu Dir ziehen. Wisse, WIR sind bereit, allzeit zu wirken für Dich. Dies gebührt uns der Respekt für Dich, für dein Wirken, das von allergrößter Bedeutung ist, deine Klarheit, die auf Wissen aufgebaut ist, frei von jedweder Begrenzung. Nimm das Dir Höchstmögliche, wähle erst und übergib es dann an UNS. In deinem Herzen findest Du es, konkretisiere es, bis da nur noch tiefste Freude ist. Nicht das scheinbar Machbare hat Bedeutung, oh nein, nur dieses von ganzem Herzen Gewollte, Gewünschte. Die Jetzt-Zeit ist eine ganz besondere Zeit. Es ist die Zeit wirklicher Erfüllung. Dein Geist bestimmt das Mögliche, und damit DU. WIR stehen bereit, dieses neue Haus für Dich, für Euch zu *bauen*. Vertraue UNS, dies ist die Wahrheit, auch hier sei Du für sie alle das lebende Vorbild dafür, das alles möglich ist. Sei frei, befrei Dich von aller Angst, aller Kalkulation, aller Kleingläubigkeit. Nach dem Motto „*Wer wagt, der gewinnt!*" ist jetzt wahrhaft **alles** möglich. Du fühlst, dass dies wahr ist, so geh und bleib in der verursachenden Geisteshaltung und der anziehenden Herzensqualität, der Energie.

Dies Dir im Fühlen bestätigend, WIR,
die vereinten Erzengelkräfte."

Erkannte und gelebte Göttlichkeit

„Als deine Seele möchte ICH Dir nun Folgendes übermitteln, für Dich und all die Vielen, denen es so geht wie Dir:

Sie vertrauen der Seele, können aber ihre gerade auf sie einwirkenden, sie oft bedrängenden Lebensumstände nicht einordnen, weil sie sie nicht wirklich verstehen! Stimmt das?"

[*Stimmt, dies ist wohl der Hauptgrund, etwas Belastendes zu erleben und den Sinn, dass dies von der Seele zugeführt wird, aus welchem Grunde auch immer, nicht zu verstehen. Genau dieses Verstehen wäre jetzt wohl für viele notwendig und wichtig.*]

„Dann ist dies MEINE und UNSERE Erklärung für Dich und Euch alle:

Nur der inkarnierte Seelenanteil kann sich vervollkommnen durch **die gemachte Erfahrung.** Ohne Erfahrung, besser das Hindurchfühlen durch diese Erfahrung, würde sich ein Stillstand innerhalb der Inkarnation ergeben, was gleichbedeutend mit Sinnlosigkeit wäre. Also braucht es gerade diese Lebenserfahrungen, um durch sie dem Leben Sinn zu geben. Es ist dies wie ein Auf und Ab, bei dem aber zu beachten ist, dass die Kurven-Welle sich nach oben bewegt. Dazu braucht es von MIR, der SEELE, ausgewählte Erfahrungen, die sich **alle** zusammen sinnvoll einfügen, in dies zu erfahrende Gesamtlebensmuster. Keine noch so kleine Erfahrung dürfte hierbei sinnlos sein, würde sie das Gesamte sonst mehr oder weniger am notwendigen Aufwärtsprozess behindern. Denn das Ziel ist **immer** die schnellstmögliche Aufwärtsentwicklung zu der jeweiligen nächsten Bewusstseinsstufe, die dann ja immer erhalten bleibt. Was immer auch geschieht, erfahren wird, erscheint oft als sinnlos, doch wie bereits an anderer Stelle übermittelt, ist gerade diese scheinbare Sinnlosigkeit dies Besondere. Weil diese Erfahrung neu ist, nicht eingeordnet werden kann und natürlich deshalb alles andere als verstanden werden kann. Gerade deshalb braucht es ja hierbei dieses **der Seele Vertrauen**, weil nur dies die sonstige Verzweiflung, die sich einstellen würde, verhindert.

Aus dem allem Übermittelten taucht natürlich die Frage auf: Wann ist es gut?

Wie viele Erfahrungen und wie lange braucht dies alles? Na, wenn dies nicht die zentralste Frage deines SEINS betrifft! Bis zu dem **Punkt des Erwachens**, denn dies stellt doch den Sinn des Ganzen da. Die Erkenntnis zu gewinnen über die eigene Göttlichkeit. Dies zu erkennen und es dann zu leben, die erkannte Göttlichkeit zum zentralen Lebensthema werden zu lassen, ja dies braucht es. Was heißt dies für Dich? Erkannte Göttlichkeit? Bist Du Dir dieser Tatsache vollkommen bewusst?"

[*Erkannt habe ich dies und es ist mir vollkommen bewusst, doch es gefühlt zu leben, als Gott zu leben, das erscheint in diesem Leben, diesem sehr einschränkendem Körper und den vorhandenen Glaubenssätzen, Neigungen, Vorlieben und Gewohnheiten eben nicht einfach, fast unmöglich.*]

„Ja, dies erscheint so, doch wie sagt ihr oft so gerne: *Der Schein trügt*. Denn genau an dieser Stelle komme ICH, die SEELE, ins Spiel. ICH gebe den Ausschlag, das Erkannte zur erfahrbaren Realität werden zu lassen. Wie?

Ganz einfach! Durch die ausgesprochene Bitte meines Seelenanteils."

[*Dann bitte ich, dein Seelenanteil, lasse mich jetzt diese meine erkannte Göttlichkeit ganz in mein gefühltes, denkendes und handelndes SEIN einbringen.* ***Lass mich leben als Gott, der ich bin, jetzt!***]

„Dann sei dies heute der erkannte Neubeginn deines Lebens. Nun sage, was Du wieder bist, was Du bereits immer warst, doch für eine *gewisse irdische Zeit* vergessen durftest, um dieses Spiel des Lebens zu spielen."

[*Ich bin selbst das Göttliche. Ja, ich bin Gott, die Quelle selbst. Ja, ich bin, fühle und lebe es jetzt wieder!*]

Für Dich – Seelengeführt

„Dann ist es mir, dem Hohen Selbst, eine besondere Freude, Dir gerade jetzt in dieser für Dich so wichtigen Zeitphase etwas zu übermitteln, was Dir hilft, alles in deinem Leben zu verstehen. Gerade all diese tief betroffen machenden Erfahrungen im Leben erzeugen etwas, was aus der geistigen Sicht die *Essenz des wahren SEINS* genannt wird. Diese Essenz ist ab einem bestimmten Bewusstseinsgrad wie ein Tor, welches das vorhandene *menschliche SEIN* Schritt für Schritt auf die Stufe der *Göttlichkeit* führt. Gerade dieses im Gefühl sehr tief Wahrgenommene, ja sogar Schmerzvolle, zeigt vor allem die vorhandene Öffnung. Nur diese gerade wahrgenommene Betroffenheit befreit dies Höhere in Dir. So braucht es dafür gerade die Lebensumstände, die dies alles erst ermöglichen. Gerade deshalb werden ja diese Lebensumstände von UNS erschaffen. Sie erzeugen ein Gefühl der Freude oder des Selbstleidens, je nachdem, wie sie angesehen werden. Dies zu deinem und euer aller Verstehen, aber vielmehr noch zu euer aller Belohnung, denn das von Euch bisher Erbrachte weist Euch den Weg, der direkt zur Erfüllung führt. Eure Erfüllung, die so tief ist, dass sie Euch alle Schmerzen vergessen lässt. Es kommt jetzt eine Zeit auf Euch zu, in der Euch wirkliche Freude gegeben wird. Dies sagen wir Euch, sage ich Dir aus meiner neutralen Sicht.

In Liebe, dein Hohes Selbst."

Ein gutes Gefühl ist das alles entscheidende Kriterium

„Hiermit übergebe ICH, deine SEELE, Dir nun mit großer Freude gerade jetzt diese Worte. Du weißt, **MIR ist alles möglich**, in aller Konsequenz, in allem überall, ALLES! Dies wisse zuerst, besser lass MICH Dich daran erinnern. Doch brauche ICH für dies alles immer **zuerst deinen Glauben**. Dieser – so würde ich sagen – Grundglaube ist bei Dir natürlich vorhanden, doch in Bezug auf MICH, deine Seele, und mein Können ist dein Glaube verständlicherweise noch etwas begrenzt. Du weißt, MIR ist alles möglich, doch in Bezug auf dich selbst gehst Du immer noch von Begrenzung aus, siehst oft nur das realistisch scheinbar Mögliche. Dies braucht jetzt eine große Veränderung seitens deiner Sichtweise, deiner Einstellung. Gehe ab sofort immer bei allem davon aus, **sobald etwas sich bereits gut anfühlt – und dieses sich gut Anfühlen ist das alles entscheidende Kriterium – ist dies immer auch sinnvoll für Dich**, es wurde Dir zugeführt durch MICH, da MIR ja, wie Du weißt, alles möglich ist. Du kannst MIR so sehr, so vollkommen vertrauen. Selbst wenn es für Dich nach Risiko aussehen könnte, gibt es dieses Risiko für Dich nie, da ICH dein Bestes genau kenne. So brauche ICH jetzt nur dies eine: Gib Du mir dein Vertrauen, deinen Mut, nun alles Gewünschte, sich gut Anfühlende mir anzuvertrauen, und wisse, dies steht in meiner Macht, und das sich gut Anfühlende ist deine Gewissheit, es gehört zu Dir, ist dein Allerbestes, und Du kannst Dir hier nie durch zu viel Wollen Schädliches zuführen. Glaube MIR, all das Anstehende, alle diese Möglichkeiten sind möglich, denn sie sind dein Gutes. Nur deine Angst oder deine Vorsicht könnten hier noch begrenzend sein, doch legst Du dies alles jetzt ab, worum ich dich von ganzem Herzen bitte, dann ist dies deine vollgültige Vollmacht an mich, deine SEELE, machtvoll zu wirken für Dich, so dass dann Wunder dein normales Erfahrungsspektrum werden. Du weißt, Du kannst mir, deiner SEELE, vollkommen vertrauen. ICH sage die Wahrheit, und dies fühlst Du gerade jetzt! Dein MIR ganz Vertrauen, das ist das, was es als einziges hier noch braucht. Ja, dein Vertrauen in mich und dein Mut, denn jetzt steht Großes, Wundervolles für dich an.

In Liebe, deine Seele für Dich."

Die Wahrheit über das eigene Wünschen

„Worte gibt es von MIR, der SEELE, die Du auch bist! Höre, was ICH Dir nun zu sagen habe. Alles ist so wie es ist gut, denn alles bist Du, auch dies scheinbar so nicht Gewollte, doch gerade hier zeigt sich in der Annahme die Macht zur Vollendung all dessen, was Dir notwendigerweise so sehr am Herzen liegt. Je wesentlicher, ja, je erfüllender gemäß dem Seelenplan, umso **mehr** lasse ICH, deine SEELE, Dich dies wünschen!

Hörst Du, deine Ungeduld, es nicht erwarten zu können, dies sofort haben wollen, dies alles bin ICH, die SEELE, in Dir. Denn, wie Du weißt, beinhaltet dein neuer SEELENPLAN vor allem Freude, und ist dieses materielle Leben nicht perfekt dafür geeignet, Freude zu empfinden, gerade durch diese materiellen Erfahrungen, die Dich dann Freude fühlen lassen? Die Menschheit, vor allem hier im Westen, hat das Wünschen als Sünde verurteilt, doch wie Du weißt, führt der Zustand, wunschlos glücklich zu sein, über das Erfüllen all dieser Wünsche. Gerade hier gilt es anzusetzen. Dieses von ganzem Herzen Wünschen ist eine der größten Kräfte auf diesem **Planeten des freien Wünschens**. Oh ja, die Quelle gab als größtes Geschenk den freien Willen, doch dieser ist auch das freie Wünschen. Die Quelle gab dies, um alles zu erfüllen, dies ist der wahre Grund euer aller Hierseins, das grenzenlose Wünschen, in dem **alles** möglich ist. Doch hierbei gilt es eines zu beachten! Aus welcher Energie-Grundform wird gewünscht? Aus der Energie der Angst oder der Freude, die wahrhaft zum Ausdruck gebrachte Liebe zum eigenen Selbst ist? Und das ist das Ziel allen menschlichen SEINS: die vollkommen zum Ausdruck gebrachte Selbstliebe. Diese entwickelt sich gerade auf diesem einen Weg, dem Weg des Herzenswünschens. Und kommen diese Herzenswünsche nicht allesamt von MIR, der göttlichen SEELE? Dir von MIR hineingelegt in dein scheinbar so menschliches Herz, um dort angenommen, gefühlt und dann zum Ausdruck gebracht zu werden, was heißt, erlebt zu werden als erfahrene Realität. Bisher haben sich eher wenige dies erlaubt, oft wurden sie als Egoisten abgestempelt, doch da gibt es einen feinen Unterschied zu beachten. Zielt der Wunsch nur auf die eigene Erfüllung ab oder auch auf das Wohl Anderer, besser möglichst vieler? Hier ist die Endzielvision von Bedeutung, nicht die notwendigen

Zwischenwünsche, die gebraucht werden, damit dann dieses große Ganze möglich ist, sie führen dazu, dass Du glücklich und damit voller Freude bist. Und daraus ergibt sich doch erst die Fähigkeit, dann für all die vielen anderen da zu sein. Nicht ein Menschenwesen gleicht hierbei dem anderen, jedes hat alleine seinen eigenen Seelenerfüllungsweg, bei dem die zu erfüllenden Wünsche so vollkommen verschieden sind. So gehe ein jedes Menschenwesen diesen eigenen Erfüllungsweg, und nur das eigene Herz kann hierbei den zu gehenden, besser den Wünsche erfüllenden Weg aufzeigen. Nie gilt es hierbei, auf Andere zu hören, zu achten, oh nein, nur das eigene Fühlen hat Bedeutung. Darauf heißt es zu hören, gerade deshalb ist die Verbindung zu MIR, der SEELE, von so elementarer Bedeutung, denn diese gibt die Fähigkeit, die vorhandenen Herzenswünsche nicht nur zu erkennen, oh nein, vielmehr geht es ja darum, sie vertrauensvoll in der Materie sich realisieren zu lassen. So gesehen ist die wahre Befreiung der Menschheit die Rückkehr ins Paradies, die Wiederannahme des Wünschens, denn ist dieser Ort des Paradieses nicht der Ort, wo alles Gewünschte von selbst zur Realität wird? Wie Du gerade fühlst, gibt es hier noch viel Aufklärungsarbeit zu leisten, doch WIR sind ja bereits dabei! So höre, mein Seelen-SEIN. Wirke DU nun als das, was Du immer warst, die Präsenz von MIR, der SEELE, in einem materiellen Körper, befindlich in einem vollkommen geschlossenen, noch-materiellen System. Was fühlst Du, was es jetzt konkret für Dich, dein Leben braucht?"

[Die sofortige materielle Bestätigung! Das Erkennen der wahren Herzenswünsche, die mit der Priorität 1 beginnen, also nächstmögliche Erfüllung, Ausrichtung auf diesen, Übergabe als Erfüllungsauftrag an Dich, Erzengel-Michael-Kraft, sofortige Realisierung auf der materiellen Ebene. Daraus ergibt sich das Gefühl, im Jetzt als eigenständiger Schöpfer zu leben, natürlich in Einheit mit Dir, meiner Seele, und Dir, Erzengel-Michael-Kraft. Doch die Schöpfungsmacht liegt bei mir. Ich erkenne und wähle aus und übergebe, vertraue und erfahre die direkte materielle Erfüllung. Dies ist gelebte und erfahrene Selbstschöpfung pur! Es wäre nun für Dich, der Du diese Worte gerade liest, an der Zeit, Dir Zeit zu nehmen, deine eigenen Herzenswünsche zu erkennen, indem Du dich fragst: Was wünsche ich mir von ganzem Herzen? Und dann gebe deinen Herzenswünschen eine Prioritätenstaffel. Priorität 1:

Dieser Herzenswunsch erzeugt am meisten Handlungsenergie, Freude-Energie in Dir. Also zum einen zeigt sich an der Vorfreude und an der Handlungsenergie, die Du in Dir fühlst, wie präsent, wie wichtig dieser Herzenswunsch für Dich ist, denn die Herzenswünsche haben eine Priorität. Sie sind nacheinander zu erfüllen. Und es gilt, immer zuerst von der Priorität her den ersten Herzenswunsch zu nehmen, dann den zweiten, den dritten und den vierten, usw. Ich würde Dir nun empfehlen, Dich einfach zurückzuziehen an dieser Stelle und das weitere Lesen erst einmal einzustellen, dein Wunschbuch zur Hand zu nehmen oder einen leeren Zettel und einfach diese Wünsche nun zu erfühlen, sie am besten gleich gemäß der Priorität, d. h. von der Bedeutung her aufzuschreiben. Der erste Wunsch erhält die wichtigste, größte Priorität, und bedeutet so gesehen wieder, als ein Erfüllungsauftrag an deine Seele, an die Erzengelkräfte zu übergeben. Mach Dir einfach klar, was der erste wichtigste Wunsch für Dich ist, der sich für Dich in deiner Welt materialisieren soll. Und dann geh weiter zum zweiten, dritten und vierten. Fühle einfach dabei, dass Du, ähnlich wie wir als kleines Kind einen Wunschzettel an den Nikolaus geschrieben haben, jetzt klare Wünsche aussprichst, was Du Dir von Herzen wünschst, und in dem Moment wird die geistige Welt mit deiner Seele und den Erzengeln diese Wünsche durch sie in Erfüllung bringen. Aber bei all dem bist Du die verantwortliche Kraft, die den Wunsch erkennt, ihn ausspricht, aufschreibt und damit in die Verwirklichung bringt. Das kann ich Dir nur aus eigener Erfahrung ans Herz legen, dass Du Dir jetzt diese Wunscherfüllungsliste aufschreibst und sie gemäß der gefühlten Priorität mit den Zahlen eins, zwei, drei versiehst – je nachdem, wie weit es bei Dir geht – je mehr Zahlen, umso besser. Viel Freude, viel Herzensenergie wünsche ich Dir dabei.

Von Herzen Michael Elrahim Amira.]

Das Prinzip der Unruhe

„Dann höre wieder einmal, was WIR Dir hier zu vermitteln haben. Und erkenne das Prinzip der Unruhe in Dir. Dieses Gefühl, wenn es Dich überkommt, soll Dir ab jetzt Folgendes vermitteln:

Es ist wieder an der Zeit, eine weitere Häutung vorzunehmen, eine weitere Zwiebelschale abzulegen, damit der Kern, vollkommen freigelegt, nun endlich wirken kann gemäß dem Kernsatz:

Erst, wenn Du zum wahren Grund vorgestoßen bist, hast Du wieder Boden unter deinen Füßen. Vorher warst Du vogelfrei im luftleeren Raum.

UNS sind all eure *Sprüche* wohl geläufig, haben WIR sie doch mit entwickelt. Bist Du wieder einmal bereit für eine tiefe Wahrheit? Dann vernimm dies: Niemals hat die Erfahrung selbst eine Bedeutung. Niemals!

Von Bedeutung ist **immer** nur das, was zuerst in Dir geschieht, dann außerhalb von Dir durch dein Groß Sein. Welche Entscheidungen triffst Du aufgrund der gemachten Erfahrungen? Wie handelst Du dann? Sind deine Entscheidungen Angst- oder Vertrauensentscheidungen? Ist dein Handeln gegründet auf Mut, Angst oder Verhinderung? Am sinnvollsten wäre es, wenn durch die gemachten Erfahrungen mehr und mehr ein Zustand des erwartungsvollen Abwartens entsteht, immer mit der Einstellung, die nächste Erfahrung lässt mich noch mehr wachsen, im Vertrauen, mehr und mehr die Sinnhaftigkeit in allem zu erahnen, später zu erkennen. Es ist wahrhaft so, wir alle, die gesamte Menschheit, braucht eine neue Wahrnehmungsfähigkeit weg von Vermeidung des nicht Gewollten, oft Angst Erzeugenden, hin zur Wahrnehmung des *alles ist tief sinnvoll,* es bringt mich immer weiter und hat immer einen Nutzen für mich, es wird von mir gerade jetzt **gebraucht**, um mich mehr zu meinem wahren SEIN zu führen. Doch was ist dieses wahre SEIN, auf das es scheinbar so sehr ankommt? Auch dies ist eine der zentralsten Fragen, auf die es ankommt und von denen WIR Dir/Euch schon viele gestellt haben. Denn kommt es Dir nicht genau darauf an, ganz zu deinem Kern vorzustoßen? Würde es Dich sehr überraschen, wenn WIR Dir nun sagen, dass dieser Kern eines beinhaltet:

Deine eigene wahre Göttlichkeit? Nun kannst Du unsere Aussage viel besser nachvollziehen, dass die Erfahrungen nicht von Bedeutung sind, nur Zwiebelschalen, Häutungen und damit Altes, was ja nicht länger gebraucht und durch Neues ersetzt wird. Worauf es einzig und allein ankommt, ist dieser freizulegende Kern, der göttlich und damit vollkommen ist. Da **jede** Erfahrung selbst ohne Bedeutung ist, braucht es doch einige Erfahrung, da diese einfach dazu da ist, diesen Kern freizulegen. Nun zeigt sich euer aller Problematik so deutlich: Wie sehr achtet Ihr alle auf diese Erfahrungen, gebt ihnen so viel Bedeutung und damit Macht über Euch und grübelt oft Tage über sie nach, bewertet sie, **versucht sie zu verstehen**, anstatt sie einfach einzustufen als das, was sie sind:

Häutungen, also eine alte, oft zu eng gewordene Haut, Zwiebelschalen, die oft schon in die Verwesung übergegangen und somit faul sind. WIR wissen, wie sehr dies hier von UNS Übermittelte deine Befreiung oder deine Grenze darstellt. Das hier Übermittelte ist neuartig in seiner Art und grenzüberschreitend, doch dies ist Sinn, Ziel und Aufgabe dieses *Kanals*, wie einst versprochen.

Wahrheit, die Dich vollkommen befreit,
da es so sehr deinen Kern freilegt.

Voller Freude lassen wir nun diese Wahrheit, die Dich wieder einmal so sehr befreit, gerade jetzt in dieses System der Veränderung hineinfließen, auf dass dies Euch alle befreit. Wir, die da sind alles SEELEN, Erzengel, geistige Führer, ER und auch die Quelle selbst. In LIEBE für Dich, da Du ja selbst Liebe und Wahrheit bist."

Nur noch deine Gefühle zeigen Dir die Wahrheit

„Du bist an diesem Punkt in deinem Leben angekommen, an dem es gleichgültig ist, was Du tust oder nicht tust, weil es darum nicht mehr geht, längst geht es nur noch um diese Fragen:

- Wo fühle ich mich besser, richtig gut, sicher?
- Wo zieht es mich wirklich hin?
- Wo fühle ich die wirkliche Lebensfreude pur?
- Was fühlt sich so richtig sinnvoll an?

Denn nur deine Gefühle können Dir in dieser Lebensphase noch die Wahrheit überbringen, vermitteln. Lerne nun selbst Dich in all dem Dich Umgebenden hindurchzufühlen, denn auf dieser deiner erreichten Bewusstseinsstufe geht die Wahrnehmung der Wahrheit nur noch über dies Gefühlte. Es ist dies der Weg aller, doch Du gehst ihn zuerst und sie alle folgen und Du vermittelst ihnen dabei die Regeln. Fühle einfach in Dich hinein:

- Wie möchtest Du es haben? Wo fühlst Du Dich so richtig gut, wohl, sicher?
- Wo kommt die bekannte Freude auf?
- Wo fühlst Du sofort kraftvolle Handlungsenergie?

Nur der Augenblick zählt und in diesem Augenblick dein Dich Wohlfühlen. Nutze jetzt diese Zeit hier, dort wo es Dir so leicht fällt, im Wahrnehmen dieses Augenblicks zu sein, damit Du Dich stets ausrichten kannst auf dein Dir so sehr Gewünschtes. Achte dabei auf dein Fühlen, es zeigt Dir deine Manifestationsrichtung nur allzu deutlich an.

- Gutes Gefühl, gutes Fühlen = Manifestation deiner Wünsche
- Schlechtes, ungutes Gefühl = Verzögerung oder Veränderung der Manifestationsrichtung

Alles was zählt, es ist jetzt der Augenblick und in diesem Augenblick dein Dich Empfinden, dein Dich Fühlen. Nur das Gute ist wirklich, alles andere verlässt nun leicht und in tiefer Dankbarkeit mein und damit unser aller Leben. Überprüfe stets alle deine Entscheidungen anhand der Gefühle, die Du dabei hast. Überprüfe jeden deiner Gedanken, jede deiner Entscheidungen anhand deiner Gefühle. Frage Dich stets, spüre in Dich hinein:

Welches Gefühl erzeugt dieser Gedanke, diese Entscheidungen in Dir? Jetzt geht es um das absichtsvolle Erschaffen jeder deiner Lebenserfahrungen. Etwas rechtfertigen zu müssen heißt, etwas zu erschaffen, was Du Dir ja gar nicht wünschst. Solltest Du dich schlecht fühlen, dann frage dich, woran denke ich gerade? Niemandem kannst Du so sehr vertrauen wie deinen Gefühlen. Sie sind immer wahr. Beachte stets, **dass der formulierte Wunsch der wichtigste Teil deines ganzen Schöpfungsprozesses ist**. So schreibe täglich das von Dir Gewünschte auf. Alles, was Du Dir vorstellst, wird schneller und schneller zu deiner erfahrenen Realität werden. Wunder über Wunder werden sich nun in deinem Leben ergeben."

Die Entwicklung eigenständigen Bewusstseins

„Mein SEIN, unser aller SEIN, WIR, die Seelen aus Gott, sagen Dir und damit Euch allen:

WIR sind alle eins. Trennung, wie Ihr sie wahrnehmt, findet nur in eurem Denken statt. Doch so muss es sein, denn all die von Euch zu machenden Erfahrungen sind nur so möglich. Ohne diese scheinbare Trennung wäre der Grund – die Entwicklung eines eigenständigen Bewusstseins – so nie möglich gewesen. Es war der Wunsch der Quelle selbst, der dies alles erschaffen ließ, auf dass diese Eigenständigkeit möglich werden könnte. Teile der Quelle selbst, doch ausgestattet mit einem eigenständigen SEIN, welches frei von der Quelle selbst ist, das war das große Ziel. Und nur weil das planetare Wesen Evolem bereit war, sich für dieses *Experiment* aus Liebe zur Verfügung zu stellen, war dies möglich. Uns auch dann nur, weil Du bereit warst, ja **DU**, der Du gerade diese Worte liest, Du Engel Gottes, in dieses System selbst hineinzugehen, um dort dein eigenständiges SEIN zu entwickeln und all den sich entwickelnden Bewusstseinseinheiten beizustehen, sie oft vor sich selbst zu beschützen. Dies ist, war und wird es immer sein, die zu behüten, zu bewahren, die *wie Kinder sind*, die oft in diesem System nicht wissen, was sie tun. Doch dies alles erlebt gerade jetzt seinen Höhepunkt und damit seine Vervollkommnung.

Wisse dies, fühle es und lass die Freude dein sein. Denn, oh ja, es stehen wahrhaft freudvolle Zeiten für Euch alle an. Daran erinnere Dich immer wieder, es ist dies die Zeit der Vollendung all dessen, was einst vor so langer *Zeit* begann, und Du bist der Auslöser, der Grund, dass es geschieht, ja **DU!**"

Alles lebt von der jeweiligen Entscheidung im Augenblick

„Für all das Anstehende gibt es keine Hinweise, tue dies oder das, für vieles gibt es diesen vorbereiteten Weg, und dieser braucht die gelebten Erfahrungen, lebt von der jeweiligen Entscheidung im Augenblick.

Der Weg ist, wie Du weißt, **der Weg des Fühlens**. Der Weg über dieses gute Gefühl. Es wird für Dich nun leicht sein, diesen Weg des *Gutfühlens* zu gehen, sobald Du der tiefen Sinnhaftigkeit in allem vertraust. Zu wissen, dass es sowieso immer so kommt, wie es kommen soll, da ja alles Geschehene längst vorgegeben ist, heißt nun für Dich, lehne Dich zurück und vertraue auf **die jeweilige Entscheidung im Augenblick**. Das für Dich Sinnvolle wird Dir zugeführt, erscheint so deutlich in deinem Leben, dass es nur noch für Dich heißt:

Greife zu im Augenblick des Erscheinens und genieße all das Dir von mir nun Zugeführte. Sei in allem frei von aller

Angst, da gibt es nichts, aber auch gar nichts zu befürchten, und dies ist die vollkommene Wahrheit. Vertraue MIR, der SEELE, ICH weiß Dich wohl zu behüten, Dich zu führen gemäß deinem Seelenplan.

In Liebe, deine Seele für Dich!"

Vertrauen in die Seele ist alles

„Von Anfang an war klar, Euch auf der geistigen Seite vollkommen bewusst, dies wird euer letztes Herabsteigen sein auf diesen Planeten des freien Willens, aber auch der Schmerzen, des Getrenntseins, der Möglichkeit, Leid zu erfahren. Ihr wusstet, dass dieses *letzte Leben* Euch nochmals in eurem tiefsten Innern alles abverlangen würde, Euch nochmals alle Gefühlsmöglichkeiten erfahren lassen würde. Ihr wusstest auch, dass der Sinn und die Lösung im vollkommenen Ausleben des wahren *Gottvertrauens* liegen würden.

Es war Euch auch bewusst, Ihr würdet Euch selbst Lebenssituationen erschaffen, in denen Ihr Euch so vollkommen hilflos, einsam, alleine fühlen würdet, und wo es für Euch nur eine einzige sinnvolle Lösung geben würde:

Zu vertrauen!

Jetzt seid Ihr hier, zum letzten Male unter diesen Bedingungen, und in welchen Lebensumständen seid Ihr?

Ja, Euch tief betroffen Machende!

Die Lösung ist nur diese Eine, Dich dem Göttlichen in Dir vollkommen anzuvertrauen, zu glauben, zu wissen mit jeder

Faser deines Wesens, deines SEINS, tief überzeugt zu sein, dass MIR, deiner SEELE, **alles möglich ist**, wenn Du MIR vertraust, mir vertrauen willst. Dann, aber nur dann gibt dein Vertrauen, und nur dieses Vertrauen, MIR, deiner SEELE den Auftrag, die Erlaubnis, für Dich wirkend zu handeln. Dein Vertrauen gibt MIR die Erlaubnis, mit meiner Lösungsenergie die für Dich, deine Freude in Dir, zusammengehörenden Puzzelteile zusammenzufügen, sie quasi energetisch zusammenzuziehen. Und obwohl MIR, deiner SEELE, alles möglich ist, ICH die Vollmacht Gottes in Dir trage und auch verwalte, kann meine göttliche Schöpferkraft, diese Alles ist möglich-Kraft, nur wirken, im Rahmen dessen, was Du geschehen lässt. Dein Geschehen lassen wird bestimmt durch **dein Vertrauen in MICH**. So frage Dich:

Glaubst Du, dass ICH, deine SEELE, willens bin und in der Lage, Dir zu helfen, alle deine Lebensumstände zu ordnen und Freude für Dich zu erschaffen, gerade dort, wo jetzt noch Schmerz und Leid ist?

Frage Dich, woran glaubst Du?

So wisse, die Wahrheit ist dein Vertrauen, dies ist die Kraft, die alles erschafft, alles geschehen lässt, was da sein kann und soll!

In tiefer Liebe, deine göttliche Seele für Dich."

Abschlussworte von deiner Seele an Dich

„Du bist wie ICH die Fülle selbst. All dies so notwendig Gebrauchte und für deine Freiheit gefühlte Wichtige fließt so leicht von MIR zu DIR. Dies wisse, führe es Dir am besten täglich zu Bewusstsein. MIR, der SEELE, ist dies alles möglich. Ein Euro oder eine Million Euro – **wo ist da der Unterschied**? Ah, jetzt hast Du es selbst erkannt, es ist die Zahl Null, und steht diese nicht für Vertrauen in das Göttliche und damit in mich!? Ist dies nicht der Schlüssel für alles?! Vertrauen in mich? War dies nicht die erste Botschaft, die ich Dir bereits zu Anfang in **UNSEREM** goldenen Buch übermittelte? Wie Du siehst, kommt nun alles zu einem vollendeten Abschluss, dein, unser gemeinsames Leben, hatte dieses eine Ziel:

Die Wiedereinheit von Dir und MIR, ausschließlich von Dir erbracht, durch dieses dein Vertrauen in Dir zu MIR! Ist dies Vertrauen in die SEELE einmal vorhanden, wird die Lebensvision erfüllt, wird alles leicht. Zu leben – aus dem Vertrauen in MICH, deine göttliche SEELE, – heißt, Gott, das göttliche Selbst, zu lieben, heißt, vollkommen zurückzukehren ins Paradies. Die Rückkehr ist das Jetzt-Ziel für all die inkarnierten Seelenanteile und so in dieser großen Anzahl zum ersten Mal möglich. Du bist einer der Ersten, der zurückgekehrt ist. Deine Vollendung erfährst Du ja gerade selbst, da Du in **ALLEM** mir vollkommen vertraust. Je größer das scheinbare Risiko, umso größer das benötigte Seelenvertrauen, doch wird dieses Vertrauen gegeben, der Seele anvertraut, dann fließt, wie Du ja weißt, unermessliche göttliche Seelenenergie von Dir zu MIR. Und was dies für dich bedeutet, das weißt Du bereits:

Größte, höchste göttlich-seelische Schöpfungskraft und Macht pur. So ist dies der letzte größte Schlüssel zur Selbstbefreiung des menschlichen Seelenwesens, das gelebte Vertrauen in die Seele, und das ist dann die Bedeutung von ***Seelengeführt.***

Vertrauen in die Seele lässt die Seele mächtig wirken für alles, was es da im materiellen Leben des inkarnierten Seelenanteils braucht, ja, Du liest richtig, alles! Und zuerst gebe ICH, die SEELE, Dir ja all die Impulse, die ICH Dir über die Intuition übermittele, was ja nichts anderes ist als dein medialer Seelenkanal zu Dir und mir. Alles für Dich sinnvoll zu Wünschende lasse ich Dir gemäß unserem vereinbarten Seelenplan zukommen. Du nimmst es auf, und es wird in Dir zu deinem gewünschten Sein. So ist dies der gesamte Weg der Seele:

- Sich wieder zu öffnen, die Religio, die Rückverbindung.
- Die Aktivierung, die Entwicklung der Intuition des Seelenkanals.
- Die Annahme der Herzenswünsche – Sie fühlen sich immer gut an, immer klar und eindeutig.
- Das mutige Handeln gemäß diesen Herzenswünschen, frei von allen Kompromissen.
- Der Seele vertrauen im Wissen, dass sie alles leicht vollbringt.
- Die gelebte Vorfreude, die aus diesem gelebten Vertrauen, was immer mutiges Handeln beinhaltet, Dich so sehr Freude fühlen lässt.

- Vertrauen – mutiges Handeln – Vor-Freude = Manifestation.

Jetzt weißt Du, mein geliebtes SEIN, was es braucht, worauf es nun einzig und allein ankommt. Lebe es zuerst selbst. Ernte und dann gib es weiter. Ich umarme Dich, dein wundervolles Sein.

In Liebe, deine göttliche Seele für Dich."

Bejahung für deine Neuausrichtung, deinen Neubeginn

„Mein Leben ändert sich jetzt, auf neue, wundervolle Weise! Ich fühle mich so klar, so machtvoll, so selbstbestimmt. Aus diesem fühlenden SEIN der Stärke heraus, sage ich,

……………….

der Engel Gottes, als Gott/Göttin, der/die ICH bin, an Euch, die geistige Welt gebe Ich nun diesen Ermächtigungsauftrag, welcher bitte sofort umgesetzt wird:

Sofortige Auflösung aller Lebenserfahrungen, die mich belasten, mir Schaden zufügen. Aufhebung aller Blockaden, Behinderungen, aller negativen Gedanken oder Gefühle mir selbst gegenüber. Umwandlung all dieser Energien in für mich förderliche Energien. Ausrichtung meines persönlichen Resonanzfeldes sofort, permanente Beibehaltung dieser Neuausrichtung auf die vollkommene Resonanz von:

Fülle, Freude, Glück, Liebe, Gesundheit, Vollkommenheit, Mut, Kraft, Stärke, Vertrauen, Schönheit, Jugendlichkeit,

Freiheit, Intuition, göttliche Ordnung, Klarheit, intuitive Weisheit, vollkommenes Verstehen, göttliche Fügungen, vollkommene göttliche Seelenführung, Wunder. Ausrichtung meines gesamten Feldes, meines Seins, jetzt!

Feldstärke, höchste Potenz = Schöpferkraft, gelebte Göttlichkeit, jetzt!“

Meditationen (Live Channeling)

Finde zu Dir, zu deiner Mitte, erfahre große Geheimnisse

Die besten Channelings der geistigen Welt durch Michael Elrahim Amira ausgewählt um dich und deine Medialität zu entwickeln und zu festigen. Große Geheimnisse werden offenbart und geben Dir die Schlüssel zu Dir selbst an die Hand.

je 23,- Euro

CD1 - Aktivierung deiner Hüterenergie - Deine Schöpfungskraft bringt dich in die Freiheit
CD2 - Seelenplanerfüllung - Einweihung und Verankerung der Erzengelkräfte
CD3 - Entwickle Deine Hellsichtigkeit und Deine Medialität
CD4 - Mut entwickelt Deine Selbstliebe
CD5 - Erfahre das große Geheimnis über Dich und Deinen Schutzengel
CD6 - Der Schlüssel zu Deiner Heilung ist Dein Atem und Dein ätherischer Körper
CD7 - Dein Atem - Das große Geheimnis wird offenbart

Aufnahmen: SemLavana Arrangement: Taato Gomez Musikalische Untermalung: Taato Gomez

Aktivierungen (Live Channeling)

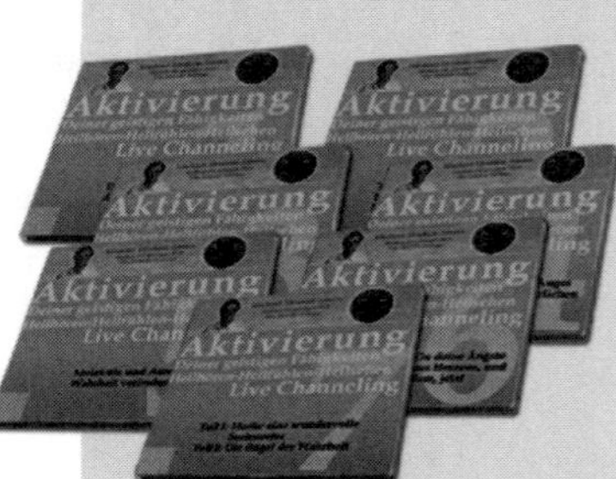

Aktivierung deiner geistigen Fähigkeiten Hellhören-Hellfühle-Hellsehen

Jede einzelne dieser CD's enthält eine oder sogar zwei wundervolle Channelings, die dich in deine Kraft, in die Wahrheit bringen und aktiv zu der Förderung deiner geistigen Fähigkeiten beitragen.

23,- Euro

CD1 - Erfahre die Aktivierung deines Machtzentrums
CD2 - Yeshuas Worte der Wahrheit, bringen dich in deine Manifestationskraft
CD3 - Die Macht deines ausgesprochenen Wortes
CD4 - 1. Aktivierung deines 3. Auges - 2. Übung zur außerkörperlichen Erfahrung
CD5 - Moleküle und Atome - Diese Wahrheit verändert dein Leben
CD6 - 1. So verlierst Du deine Ängste - 2. Heilung deines Herzens, und Freiheit in allem, jetzt
CD7 - 1. Mache eine wundervolle Seelenreise - 2. Die Regel der Wahrheit

Aufnahmen: SemLavana Arrangement: Taato Gomez Musikalische Untermalung: Taato Gomez

Live-Mitschnitte der Channelings befinden sich im Online-Shop!

Bestelle deine persönlichen CD's jetzt:

www.michael-amira.de

für

- ein neues Bewusstsein
- ein Leben in Gemeinschaft
- Lehr- und Heilzentren der Weisheit

Interessierten Menschen soll die Möglichkeit gegeben werden ein neues Bewusstsein zu erlangen und eine zukunftsfähige Lebensform durch behutsamen, kreativen und respektvollen Umgang mit der natürlichen und sozialen Mitwelt zu entwickeln und zu praktizieren für eine gesunde, glückliche und friedliche Zukunft.

An kana Te® Akademie:
Zweck der **An kana Te® Akademie** ist die Förderung von Maßnahmen zum Schutz und zur Pflege von Menschen, Tieren, Natur und Umwelt, die Förderung und Verbreitung des vorsorglichen Denkens und Handelns für unsere Mitwelt und Mutter Erde, besonders die Sensibilisierung der heranwachsenden Generation, die Förderung der ökologischen Bewirtschaftung der Agrar- und Naturräume Boden, Luft und Wasser, die Verbreitung und Umsetzung einer Neuausrichtung unserer Lebens- und Wirtschaftsweise durch eine Veränderung des morphischen Feldes.

Aufgaben und Ziele der An kana Te® Akademie:
Forschung und Förderung von:

- Bildung im Sinne eines neuen Bewusstseins in Lehr- und Heilzentren für ein liebevolles, gesundes und erfülltes Leben
- Geistes-, Natur- und Gesellschaftswissenschaften
- Medizin- und Biowissenschaften
- Umsetzung von Umwelt-, Natur-, Arten- und Tierschutzprogrammen
- Entwicklung einer nachhaltigen ökosozialen Agrar- und Ernährungskultur von lebendigen Lebensmitteln „Mittel zum Leben”
- Entwicklung innovativer und umweltschonender Energiegewinnung und -versorgung

Damit die **An kana Te® Akademie** all diese Visionen verwirklichen kann, sind wir auf deine Unterstützung angewiesen. Neben der wichtigen Bewusstseinsarbeit, mit der Du aktiv an der Neuausrichtung des morphischen Feldes beteiligt bist, ermöglicht uns deine Spende, unsere gemeinsamen Ziele in die Tat umzusetzen.

Danke für deinen Teil zum großen Ganzen.

Kontakt: info@ankanate-akademie.com

Spendendaten und weitere Infos auf unseren Internetseiten:

www.AnkanaTe-Akademie.com

Herzlich willkommen zum Förderprogramm zur Aktivierung und Entwicklung deiner geistigen Fähigkeiten

Inhalte der Aktivierungs-Wochenenden sind:

Aktivierung und Förderung deiner geistigen Fähigkeiten

Förderprogramm 1: (Basis 1)
Die wahre Re-ligio, die Rückverbindung mit der eigenen Seele, die Kymische Hochzeit, Heilung des männlichen und weiblichen Prinzips über das hoch energetische Elternstellen

Förderprogramm 2: (Basis 2)
Aktivierung deiner geistigen Fähigkeiten: Hellfühlen – Empathie, Hellhören – Intuition, Hellsehen

Förderprogramm 3: (Basis 3)
Aktivierung deines Selbstvertrauens und des Muts, den eigenen Lebensweg, Seelenplan zu erfüllen

Förderprogramm 4: (Basis 4)
Erkennen, annehmen und auflösen der tiefsten Kindheitsmuster

Förderprogramm 5: (Basis 5)
Tiefe Selbsterkenntnis durch das Wissen der Lebensaufgabe, des Charakters mit Hilfe der Numerologie, Astrologie, Namensentschlüsselung

Dieses Förderprogramm ist das Geschenk der geistigen Welt gerade jetzt, da es so vielen Menschen nun endlich möglich ist, sich aus allen Abhängigkeiten zu befreien und als Schöpfer/in ein selbstbestimmtes Leben in Einheit mit dem Seelenplan zu führen.